LK²176

VOYAGE

EN AUVERGNE

ET AUX RIVES DU LIGNON.

VOYAGE
EN AUVERGNE
ET AUX RIVES DU LIGNON,

TIRÉ D'UN MANUSCRIT CELTIQUE
TROUVÉ DANS LES RUINES DE L'ANTIQUE
ET FAMEUSE VILLE DE GERGOVIA.

PAR

JOACHIM COUHERT DETRUCHAT.

A PARIS,

CHEZ LENORMANT, libraire, rue de Seine,
n° 8, faubourg Saint-Germain.
Et DELAUNAY, libraire, palais Royal,
seconde galerie de bois, n° 243.

M. DCCCX.

AVIS DE L'ÉDITEUR,

QUI PEUT ÊTRE LU.

C'EST avec la plus grande peine qu'on se détermine à donner cet opuscule au Public sans notes ni préface bien amplifiées, qui auroient eu le suprême avantage de doubler ce maigre volume, la dose d'ennui qu'il peut contenir, et par suite sa valeur. Sans doute la plus mince relation de voyage elle-même, pas plus que tout autre livre, n'a le droit de se montrer sans préface. C'est un point incontestable qui ne peut plus souffrir de débats, aujourd'hui que chacun est heureusement imbu des idées lumineuses données sur cette matière par le savant et profond auteur du *Voyage de Paris à Saint-Cloud par mer*; et certes celui à qui l'on doit le *Voyage en Auvergne et aux rives du Lignon* n'a pas voulu

laisser gratuitement à sa production la honte de
paraître dans le monde sans notes ni préface:
mais tout nous porte à croire qu'elles se sont
perdues dans la nuit des tems; car, ainsi que
chacun sait, cet ouvrage date d'un tems fort
reculé; et s'il y est parlé des choses et des personnes de ce jour, c'est dans un sens purement
prophétique, ce qui en fait précisément l'intérêt, attendu que l'on ne peut plus révoquer
en doute que la prophétie se soit bien réalisée;
plus heureux en cela que ne le sera probablement certaine autre prophétie pour l'an 2440 !
Lecteur, fasse le ciel que, favori

> De la troupe permessique,
> Exempt de soporifique,
> Il ne soit pour ton esprit
> Le triste *bonnet de nuit!*

Il paraît qu'un autre, avant moi, avait voulu
faire l'essai d'une édition, et qu'ayant senti,

comme il le devait, le faible de son entreprise,
par le défaut de notes et de préface, il avait essayé d'y suppléer au moyen d'un fort beau
commentaire, qui très indubitablement nous
eût bien dédommagés ; mais, soit que l'impi-
toyable mort ait moissonné trop prématurément
cet homme précieux, ou que tout simplement
un dégoût très facile à concevoir lui ait fait abandonner l'entreprise, l'édition ne fut pas donnée.

Plus heureux ou plus téméraire, ce que l'on
ignore encore, et ce que l'avenir apprendra, je
la donne enfin cette édition, mais toutefois sans
le commentaire, dont je n'ai pris qu'une seule
note qui m'a paru nécessaire. Si le Public té-
moigne ensuite le desir d'avoir le surplus, on
peut être convaincu d'avance de mon empresse-
ment à y satisfaire. Qui peut répondre même
que, dans la joie de mon cœur,

> Au fort de l'extrême tendresse,
> Qui pour ce cher Public me presse,

En éditeur déterminé,
Vite je ne le gratifie
De maint chef-d'œuvre abandonné
Par grand excès de modestie,
D'un auteur qui trop se défie
De sa force et de sa vertu,
Mais qui pourtant, dans le silence,
Trépigne fort d'impatience
De n'avoir jamais été lu.

LETTRE D'ENVOI

A Mme. J***.

JE vous adresse la petite relation que vous avez desirée; elle est à vous en toute propriété; vous pouvez en disposer comme bon vous semblera; je n'en prétends plus rien. Je vous prierai seulement, en considération de ce petit sacrifice, de ne point trop vous offusquer, si vous ne trouvez pas à la fin quelque petit bout de compliment où je solliciterais votre indulgence; il n'y a ni oubli ni mauvaise intention de ma part; j'y ai même très sérieusement songé: mais quelque mauvais génie, prenant plaisir à me tourmenter, s'est obstiné à me laisser pour tout secours la muse de Dumoustier; et je me suis tellement embrouillé avec cette muse, que, pour

1

vous prier de ne pas trop vous refrogner à
certains passages de l'ouvrage, il ne m'a pas
été possible d'échapper à cette inspiration :

> Sur ta figure charmante
> Je voudrais qu'on vît toujours
> La troupe folle et riante
> Et des Jeux et des Amours.

Heureusement que mon bon génie m'a fait
revenir en songe ces quatre méchans vers,
vous faisant apparaître en même tems avec
une figure fort endommagée par les sauts et
les gambades de tous ces Amours qui, en
s'escrimant avec leurs flèches et leurs carquois,
foulaient impitoyablement vos traits mignons,
et nous dérobaient les trésors que la nature
a prodigués sur la plus jolie bouche, sur les
plus beaux yeux, les regards les plus enchan-
teurs, le teint le plus frais et le plus pur.

VOYAGE
EN AUVERGNE
ET AUX RIVES DU LIGNON.

Vous voulez donc que prose et vers
Concourent sur des tons divers
A cette mince bagatelle,
Et d'une manière nouvelle,
Dussé-je aller tout de travers,
Sans le secours d'aucun modèle,
Pas même du joyeux Chapelle?

Ne vouloir pas que j'imite Chapelle est
m'accommoder très fort; car imiter Chapelle
n'est pas chose aisée, et il faut être soigneux

à éviter des points de comparaison si élevés :
aussi

> Chacun vous dit, belle Julie,
> Qu'auprès de vous, en Idalie,
> L'Amour, abandonnant Cypris,
> N'eût voulu que vous pour sa mère ;
> Les Graces, les Jeux, et les Ris,
> N'auraient connu que vous pour reine de Cythère.

Je ne saurais non plus vous tenir les discours adressés par Chapelle à son ami, et cela
pour bonne raison :

> C'est qu'il écrivait à Broussin,
> Bon réjoui, bon buvant vin,
> Son très cher frère en Epicure ;
> Aussi charge-t-il sa peinture
> Des couleurs que Comus chérit,
> Et de certain trait un peu libre
> D'un trop licencieux esprit.
> Mais ce n'est pas à tel calibre
> Que pour vous doit être un écrit ;
> Peu vous importent les merveilles

De Comus et du dieu des treilles!
Vous vous passerez bien aussi
De ces aventures pareilles
A celles qu'un tendre souci,
En son humeur un peu lubrique,
Pour un beau page à sa merci,
Fit éprouver à Dassouci.

Muse, qu'un crayon plus pudique,
Tes traits fussent-ils moins heureux,
Trace le fidèle historique
De ce qu'un regard curieux
Pourra remarquer en ces lieux.

En quittant Paris, j'eusse bien voulu lui
adresser quelque belle apostrophe, à lui et à
toutes ses merveilles, même à la Nymphe de
son superbe fleuve, quoiqu'un peu fangeuse;
mais je n'en ai rien fait par deux raisons : la
première est que l'idée de tant de séparations
et de pertes douloureuses ne laissait point à
mon esprit la liberté convenable; la seconde,
que dans la multitude innombrable des adieux
à la capitale, deux écueils sont également à

craindre, la satiété et la rencontre de tours
d'expressions déja employés ;

> Mais le dernier serait le pire ;
> Il exposerait l'écrivain
> Au trait le plus malin
> De l'injuste satire.

C'est ce qui arrive chaque jour ; et je vois le
moment peu éloigné où, tout ayant été dit et
redit tant de fois, sur tous les tons imagina-
bles et de toutes les manières différentes, il
n'y aura plus moyen de prendre la plume
sans être accusé de plagiat.

Je ne dis rien non plus aux Dryades qu'a
chantées récemment le peintre aimable de la
forêt de Fontainebleau, et je cours tout d'une
haleine à travers l'ancien Gâtinais, pays misérable dont la vue attriste tout voyageur. Il
m'en est même resté tant de noir au fond de
l'ame, que, si je pouvais paraître ici de mauvaise humeur, je vous ferais une très belle et
très amère imprécation contre ses misérables

habitans, qui, presque voisins de Paris, où
des peuples entiers vingt fois plus éloignés
viennent exercer si lucrativement tant de gen-
res divers d'industrie, ne sont malheureux
que par leur paresseuse apathie.

Mais est-il bien raisonnable de les gronder
ainsi ? est-il bien avéré que leur sort soit plus
à plaindre qu'à envier ? De pareilles questions
ont divisé de très graves et très habiles per-
sonnages, vous le savez ; je ne me propose
point de résoudre la difficulté.

Toutefois ce qui me coûterait le plus, j'imagine, serait de m'exalter à ce point suprême
de l'excellence du sentiment où, transporté
en une extase toute mélancolique, mollement
étendu sur le duvet après un bon et splendide
repas, on s'écrie d'un ton demi-langoureux,
demi-passionné :

> Paisibles lieux, humbles retraites,
> Que vos habitans sont heureux !
> Hélas ! on ne voit point chez eux
> Noirs soucis et peines secrètes ;

Chez eux l'innocence et la paix
Ont trouvé leur unique asile :
C'est là qu'elles ont à jamais
Etabli leur séjour tranquille.

Suivant l'usage, au risque même de trou-
bler une si délicieuse mélancolie, il faudrait
que cette douce effusion sentimentale, morale
et philosophique, fût suivie de quelques véhé-
mentes déclamations contre le luxe corrup-
teur des villes ; mais je veux vous sauver tout
cet ennui, et, sans vous laisser languir plus
long-tems, vous conduire rapidement vers ces
belles contrées qui doivent principalement
fixer votre attention. Nous franchirons donc
d'un seul trait une soixantaine de lieues, sans
songer même à Nevers, ni à ses antiquités,
ni à ses vieilles maisons, formant de fort
étroites et de fort vilaines rues, sans songer
au rang qu'il prétend occuper dans l'histoire
et dans la littérature, pour avoir vu naître
maître Adam, et pour sa belle inscription de
Thomas.

Je suis pourtant obligé de m'arrêter un instant à Moulins. Je vais donc vous en dire quelque chose le plus brièvement possible.

Cette ville passe pour jolie aux yeux de bien des gens. Ses habitans sont fort enorgueillis de leurs maisons, bâties de briques, et de leurs manufactures de ciseaux.

Pour moi, au milieu de toutes ces merveilles, en voyant ces maisons

> Toutes chamarrées
> De rouge et de noir,
> Il m'a semblé voir
> Des ames damnées
> Le triste manoir :
> Mais, lorsque le soir
> Une vieille femme
> Vient, à mon souper,
> Ciseaux étaler,
> La peur dans mon ame
> Venant se glisser,
> Soudain de la fable
> Sombre fiction

Met en vision,
Autour de la table,
Funestes ciseaux,
Sinistres fuseaux,
Troupes infernales
De Parques fatales;
Moi, sans dire mot,
Déloge aussitôt.

A peine pris-je le tems de visiter un monument assez célèbre, érigé à la mémoire du connétable de Montmorency, et le lieu où fut naguère un cours magnifique, dont on a vendu les superbes arbres pour pouvoir restaurer les bâtimens très mesquins d'un très pauvre lycée, qui, placé trop près de Clermont-Ferrand, ville bien plus considérable et plus riche, doit inévitablement tomber de langueur.

Je fuis donc Moulins et son immense plaine du Bourbonnais, dont le sol aride est tellement dépouillé, qu'à peine y voit-on dix arbres par lieue.

Fatigué de cette monotonie, quelles sensations délicieuses n'éprouve pas aussi le voyageur aux approches du plus charmant pays de la France, la Limagne d'Auvergne! Pour vous en faire quelque idée, figurez-vous le peuple hébreu dans le désert, lorsque la Terre promise se découvre à ses regards.

L'Auvergne a toujours été la province la moins connue; ses voisins eux-mêmes s'en font une très fausse idée. C'est une erreur commune de la dépeindre comme une vaste étendue de montagnes glacées et incultes, de ne la croire habitée que par des espèces de sauvages qui fournissent à toute la France ses chaudronniers, ramoneurs, et portefaix; à Paris, ses porteurs d'eau.

Cela est vrai, en effet, pour la Haute-Auvergne, que comprend tout l'ancien diocèse de Saint-Flour, et qui a composé le département du Cantal; mais rien n'est plus faux à l'égard de la Basse-Auvergne, ou l'ancien diocèse de Clermont, qui forme le territoire du département du Puy-de-Dôme.

Ces deux pays se ressemblent si peu, les relations entre eux sont même si rares, qu'on pourrait les supposer aisément à cent lieues l'un de l'autre, et l'on pourrait croire que leurs mœurs appartiennent à deux siècles différens : ils n'exercent point le même genre d'industrie ; ils n'ont de commun que leur ancien nom, et leurs idiômes particuliers ont à peine quelque légère ressemblance.

La Limagne fait partie de la Basse-Auvergne (département du Puy-de-Dôme). Ce charmant vallon, arrosé par la belle rivière d'Allier, est circonscrit par des chaînes de montagnes qui tiennent d'un côté à celles du Forez, et d'un autre aux monts d'Or.

Suivant une opinion assez généralement reçue, certaines qui s'élèvent à l'ouest ont été le foyer de plusieurs volcans depuis long-tems éteints, et quelques physiciens ont essayé de le prouver; ils ont prétendu y avoir trouvé de la lave coulée et du basalte; ils ont cru découvrir les vestiges d'un cratère au pied du Puy-de-Dôme.

Cette dernière montagne, dont on a donné le nom au département, est la plus élevée d'entre celles qui forment la chaîne. Ce fut sur son sommet que Pascal fit ses expériences sur la pesanteur de l'air.

Mais je m'éloigne beaucoup trop des lieux que j'ai à parcourir, et sur-tout du plan tracé. Déja les Muses gémissent d'un si long oubli ; car je ne veux rien cueillir pour elles sur les cratères de ces antiques volcans : on ne voit point, au Parnasse, de ces horribles lieux, et ce n'est qu'avec des efforts rarement fructueux qu'Apollon fait éclore, de loin en loin, quelques fleurs languissantes et décolorées sur des cimes arides et desséchées ; c'est là que Pégase est toujours rétif, et les neuf sœurs ne peuvent se plaire que difficilement dans le séjour affreux d'Encelade.

N'allez pas croire toutefois que je veuille

faire ici le procès au genre descriptif. Sans
doute il peut paraître un fort bel ornement;
il peut donner une nuance, une couleur de
plus au tableau; mais je veux dire seulement
qu'il ne doit pas en constituer le fond; il ne
doit pas même en occuper le premier plan.

Au surplus, quoi qu'il puisse être du bon
ou mauvais emploi du genre descriptif, ce
que je n'ai point à examiner ici, je ne veux
pas vous attrister par la peinture affligeante
des désastres de la nature. Ainsi, encore une
fois, point d'excursion sur ces montagnes et
leurs anciens volcans. Continuons tranquillement notre route le long des délicieux côteaux de la belle Limagne. Néanmoins point
de vers encore, et cela toujours par la prudence d'éviter les écueils des comparaisons
scabreuses. Qui oserait entrer en lice avec le
Virgile français, le chantre des jardins, le
traducteur immortel des Géorgiques? Qui
pourrait, mieux que lui, peindre les lieux
enchantés qui l'ont vu naître?

Ainsi taisez-vous, mes rimes, vous n'aurez rien de ce joli paysage qui nous rappelle si bien les plus charmantes fictions de nos poëtes, et nous font croire à la réalité de ces descriptions magnifiques ornées par l'imagination la plus brillante; vous n'aurez rien de ces vergers délicieux, de ces rians vallons que découpent de leurs gracieux contours les côteaux les plus variés, et cent ruisseaux serpentant doucement parmi les peupliers majestueux, au travers d'une forêt de noyers et de tous les riches trésors de Pomone et de Flore.

Si pourtant vous êtes un peu portées à la satire, vengez-vous maintenant du long silence auquel vous avez été condamnées; je vous livre ces peuples grossiers et dégoûtans, qui font un contraste si choquant avec la beauté de leur pays et la douceur de son climat.

Dans cette superbe Limagne, ainsi que dans tout le reste du département du Puy-de-Dôme, on est vraiment révolté de l'âpreté, de la sottise et de l'ignorance qui y signalent

les moyennes et dernières classes ; mais il n'y
a pas moyen de supporter l'espèce qui, dans,
les campagnes, croit avoir droit au titre
transcendant de bourgeois.

     Vous connaissez la fiction
     Qui donne la description
      Du palais de la Sottise ;
C'est en ces lieux, je crois, que l'idée en fut prise :
Là sont les ignorans dont l'un veut tout savoir,
      Et l'autre tout méprise ;
Tels que l'aveugle-né s'imaginant tout voir.
Le ridicule ignoble est tout ce qu'on y prise.
Chacun se croit au mieux, lorsqu'il est à sa guise :
Mais, si vous ne riez pour un mot convenu,
Dont le mystérieux pour eux seuls est connu,
Et si vous n'approuvez quelque lourde bêtise,
Que pour un mot plaisant on croit avoir émise,
     Malheur, malheur à jamais !
     Telle sera désormais
     Votre sinistre devise.

     Vous connaîtrez à ces traits,
De ces messieurs les fidèles portraits.

Dans les petites villes de l'Auvergne, plus qu'en aucun pays, la médisance est pour les oisifs, et sur-tout pour les vieilles filles, le raffinement le plus exquis de leurs délices : elle y a même une origine et un caractère tout particuliers. Aussi, en donnant un jour son histoire, je disais tout modestement :

Ne chante point, mais simplement raconte
L'histoire vraie, et qui n'est point un conte,
De Déité fort chérie en ces lieux,
De celle enfin qu'on y prise le mieux.
Ma Muse, ainsi, ne sois pas trop choquée,
Si tout d'abord tu n'es pas invoquée
Pour animer un sublime projet,
Si franchement j'aborde mon sujet.

De bien des Dieux pas toujours l'origine
N'a la grandeur que chacun imagine ;
Notre Déesse ainsi n'est point l'enfant
De la Discorde, et n'est par conséquent
La triste sœur de la Pomme infernale
Qui fut jadis aux Troyens si fatale;
Elle n'est point la sœur de ce Lutrin

2

Que célébra le poëte malin ;
Mais elle est sœur des vapeurs pestiférès,
Fâcheux enfans qui proclament pour pères
Des estomacs déja vieux, ruinés,
Digérant mal de trop méchans dinés.

De vieille fille est dure destinée,
On le sait bien : la triste abandonnée,
Sans doute, hélas ! pour s'en dédommager,
Doit à médire uniquement songer ;
Mais, dans ces lieux, il n'est de damoiselle
Mourant de peur d'être fille éternelle,
L'heure sonnée à ses vingt et cinq ans,
Qui, son pain noir, son lard, ou ses harengs,
N'ait regorgé par un torrent d'ordures
D'inventions de fatras d'impostures.

Point d'instruction en Auvergne, ai-je dit ;
mais, bien plus, mépris général et absolu
pour les beaux arts et les sciences.

Cette province a pourtant aussi ses hommes illustres ; elle se glorifie du chancelier de
l'Hôpital, de Pascal, de Domat, du cardinal
de Bernis, de M. Delille, de Dubelloy, poëte

tragique, de Boissy, auteur comique, et peut-
être de Marmontel. Le général Deshaye, mort
à la bataille de Marengo, est né dans un château assez près de Riom, et appartenant encore à sa famille.

Le physique de l'habitant de la Limagne
n'est guère plus flatteur que son moral. Les
femmes, sur-tout des dernières classes, sont
d'une laideur presque effrayante, et paraissent

> Une race dégénérée
> Des habitans de la Guinée,
> Mais beaucoup plus affreuse encor;
> Car leur peau, toute basanée,
> Semble avoir été bigarrée
> Et de bis et de couleur d'or.

Nulle part, mieux que dans la superbe Limagne, on ne s'attendrait pourtant à rencontrer ces belles bergères que célèbrent les poëtes; mais, repoussantes par leur laideur, les
femmes de ce beau pays le sont bien plus

encore par leur malpropreté et leurs haillons :
car vous saurez que sur le sol le plus riche et
le plus fertile, la misère du peuple est à son
comble.

Ce contraste peut , au premier aperçu,
paraître assez surprenant pour que les causes
en présentent ici quelque intérêt.

Une des principales est que de tout tems
l'Auvergne fut du nombre des provinces les
plus surchargées d'impôts , par l'effet du
mode de répartition. Le nouveau mode, que
doivent introduire les opérations du cadastre
si elles sont jamais complètes, c'est-à-dire si
elles se combinent d'une manière parfaite-
ment concordantes, si, en un mot, l'attente
n'est pas trompée , ce nouveau mode sera
peut-être plus heureux pour ce pays; mais
quelle en sera l'époque?

Une autre cause de la misère de l'habitant
de la Limagne est une excessive population,
qui, multipliant trop les partages dans les
familles ; ne peut laisser que des portions
insuffisantes à chacun.

Cette trop faible propriété est même nuisible en quelque sorte à son possesseur, puisque, sans suffire à ses besoins, elle éloigne en lui toute idée d'industrie, cette source de richesses pour tant de peuples qui n'ont point de valeurs en fonds de terre.

Mais nous voici sur un ton bien sérieux !

Voyons donc quelle est cette cité qui se présente maintenant à notre attention. C'est Riom, une des jolies villes de France. Une double allée de beaux arbres entoure, sans aucune interruption, son boulevard de forme circulaire ; ses rues sont bien percées ; ses maisons sont bâties dans le goût moderne, d'une fort belle pierre de taille bleuâtre, qui paraît être de la lave coulée des volcans dont j'ai parlé.

Quoiqu'assez peuplé, Riom n'est pas vivant ; ses rues sont presque toujours désertes : la cause en est dans le genre d'occupation de ses habitans. Il avait autrefois une sénéchaussée célèbre, et il est aujourd'hui le siège d'une cour impériale non moins considérée. La bonne moitié de la population se compose de procureurs et de clercs qui se répandent fort peu dans la ville; courbés du matin au soir au fond de leurs études poudreuses, sur leurs tables chargées de paperasses,

Chacun va barbouillant
De noir ce qui fut blanc:
Mais, chose bien plus sûre,
C'est qu'en leur écriture
Bien fin qui pourra voir
Rendre blanc ce qui fut noir.

Toute plaisanterie à part, la ville de Riom possède nombre de jurisconsultes du premier mérite. Le premier président de la cour impériale est M. Redon, ex-constituant; et maintenant que M. Grenier, ex-tribun, y occupe le ministère public, Riom peut compter quatre de ses magistrats parmi les plus distingués de l'empire.

Voilà bien des détails qui seraient à faire

mourir d'ennui d'autres que vous, et ainsi ne devraient pas trouver place en un ouvrage tel que celui-ci, mais je sais que

Vous chérissez également
Et Terpsycore et Polymnie,
Grave Clio, docte Uranie.
Pour parler clairement
Et sans figure,
Il n'est point de talent
Qui de sa nature
Vous parût indifférent.

D'ailleurs, pour faire connaître un pays, il faut bien parler de ses habitans. Ce n'est pas ma faute si l'Auvergnat ne s'est jamais signalé que dans l'art ou dans la science des procès, et s'il ne peut offrir à l'observateur rien de plus gai et de plus remarquable que son culte à Thémis.

D'ailleurs encore, pour être juste envers lui, après avoir dit qu'il méprisait en général les arts et les sciences, il fallait bien reconnaître qu'il n'est pas absolument étranger à toute espèce de connaissances, et que c'est pour n'être point distrait d'une étude particulièrement convenable à son génie ou à ses mœurs, qu'il dédaigne toutes les autres.

Mais maintenant, les personnes bien connues, et n'ayant plus à nous occuper que de choses et d'événemens, je puis marquer à cet endroit la fin des détails les plus arides et les plus ingrats de mon sujet; je puis promettre dès cet instant plus d'intérêt, de variété, et de mouvement.

Nous voici bientôt arrivés à une capitale ville impériale.

CLERMONT-FERRAND n'est distant de Riom que de deux lieues; d'un quart-d'heure à l'autre on remarque à droite et à gauche de la route des villages plus populeux que certains chefs-lieux de département. A dix minutes de Clermont, on traverse Montferrand, l'une des plus anciennes villes de l'Auvergne. Dévorée insensiblement par la capitale qui l'avoisine, elle n'est plus guère aujourd'hui qu'une assez forte bourgade.

Ainsi périt toujours le faible placé trop près du plus fort;

Ainsi dans la forêt le pin audacieux
Ne s'élève souvent jusqu'au plus haut des cieux
Qu'après avoir detruit mille plantes voisines,
Et de leur trone dissous pris le sel nourrissant,
En s'emparant des sucs dont leurs faibles racines
Soutenaient avec peine un rameau languissant.

Clermont est riche et populeux; il est du nombre des trente-six villes dont le maire a été appelé au couronnement de l'Empereur: on peut juger de son ancienneté à l'irrégularité de son plan, à ses rues étroites et sans alignement. Aussi, quoi qu'aient pu faire l'infatigable activité et le goût délicat de M. Sablon, un de ses derniers maires, cette ville ne sera jamais fort belle dans son intérieur.

C'est la patrie de Pascal, de Domat, Sava-

ron, Champfort, et ce gros Thomas sur les
écrits duquel Voltaire a décidé qu'on ne dirait plus galimatias, mais bien *galithomas.*

L'occupation est en général le commerce;
le point de réunion de tous les hommes, à
quelques classes qu'ils appartiennent, est
dans les cafés, dans les billards. Aussi la so-
ciété des femmes est-elle fort négligée; aussi
leurs cercles, si de loin en loin il s'en forme,
sont-ils toujours déserts; et la politesse et la
civilité n'y gagnent pas. Le Clermontois ne se
montre presque jamais en public auprès des
dames; dans les promenades, chaque sexe
fait bande à part.

Les lettres, jusqu'à ce jour fort négligées,
paraissent pourtant vouloir enfin éclore. Un
almanach et un journal hebdomadaire ont
ouvert depuis quelque tems la carrière à tous
les beaux esprits, qui ne manquent pas de
s'y évertuer périodiquement à chaque année
ou à chaque semaine : déja même on y trouve
des charades, des logogryphes, et des énigmes

qui font des réputations brillantes à leurs
auteurs, et leur préparent de grands succès
dans le monde. Ainsi, maintenant, il ne faut
plus désespérer de voir un jour à Clermont
un de ces athénées où chaque membre, s'il
est poëte,

Est, sans manquer, Dieu de la Poésie,
Ou, tout au moins, est le plus grand génie.
S'il est guerrier, c'est sans doute un héros;
Est-il artiste? il est le plus grand maître.
A la tribune enfin il suffit de paraître;
Soudain retentiront les vivat, les bravos.
C'est là qu'à tout discours dame Philosophie
De son cortège étale une troupe choisie,
Où l'on voit, en grands mots, figurer à foison,
Lumières, liberté, bienfaisance, raison,
Les vertus des Romains, les héros de la Grèce,
Patrie, égalité, tolérance, sagesse,
Le galimatias et son ami Pathos,
Et la légende enfin des mots en *us*, en *os*.

Naguère eût précédé la sanglante furie
Qu'alors on appelait douce *Philanthropie*,

Amenant après soi la désolation,
Les ravages, la mort, et la destruction;
Et pourtant déclamant au nom de la patrie
Contre tous les abus, contre la barbarie,
Contre les préjugés, contre l'oppression,
S'écriant : « N'est repos que dans la bergerie,
   « Sous l'humble chaume, auprès des clairs ruisseaux;
   « N'est de bonheur que dans la rêverie
   « Qu'excite en nous, sur la verte prairie,
   « Zéphir léger, doux murmure des eaux,
« Le silence des bois, la campagne fleurie,
« Et des tendres oiseaux la douce mélodie. »

Parnasse d'Athénée est de facile accès;
   Nous l'avons dit, c'est pays de succès;
Et là tout pauvre diable, à qui pour son martyre
Est venu le besoin de parler ou d'écrire,
Doit trouver, à coup sûr, un bon asile ouvert,
Où d'applaudissemens il est toujours couvert;
Mais sur-tout préservé de sifflets, de satire:
C'est un refuge sûr à tout auteur chanceux,
Et jamais on n'y vit aucun malencontreux;
C'est là qu'on peut se voir (puisqu'il faut tout vous dire)
Elevé tout vivant sur un beau piédestal,

Pour un méchant quatrain , ou quelque rapsodie.

D'une séance enfin contons la facétie.

D'abord un grand discours où l'honneur sans égal,

Le bonheur sans pareil des membres d'Athénée ,

La noblesse du corps, sa haute destinée,

Pour le bien de l'Etat sont le point principal.

Puis , invoquant douce mélancolie,

Un Apollon , d'un air bien doctoral,

Bien doucereux et bien sentimental ,

Pleurant sur la vertu bannie ,

Qu'entièrement on oublie;

Sur l'inconstance d'une amie

Trop aimable, trop jolie ,

Ou sur la fortune ennemie

Qui trop jeune l'a ravie,

Dix bouts rimés , sous titre d'élégie,

Vient débiter ; autant de madrigal

Et d'un fragment d'un conte dit moral.

A chaque mot la docte compagnie

De battre en mains et de s'extasier,

D'un saint transport tout-à-coup s'écrier:

O le grand homme! ô sublimes merveilles!

O quel génie! ô beautés sans pareilles !

    Pour terminer ce jour délicieux,

    Qu'a consacré la divine Harmonie,

Cinq méchans violons raclent la symphonie,

Ou l'opéra qu'hier on sifflait en cent lieux,

Et le compositeur est porté jusqu'aux cieux

    Par la troupe ébaudie.

Maintenant que voilà l'Athénée futur de Clermont bien et dûment constitué, conformément aux meilleures chartres d'Athénées, je pourrais vous entretenir de plusieurs personnes de votre connaissance que j'ai rencontrées; mais ce sera renvoyé, si vous voulez bien, à d'autres tems, l'intérêt n'en étant pas très majeur.

Ce qui me tient beaucoup plus à cœur, et doit vous attacher bien plus aussi, c'est un tribut de reconnaissance à payer, un hommage à rendre aux grandes qualités d'un magistrat qui n'a point été assez apprécié dans le pays où il les a signalées le plus, parceque l'opinion publique, c'est-à-dire l'opinion de ceux qui ne peuvent s'en former une, a reçu

l'impulsion de personnes nécessairement frois-
sées dans leurs passions, et contrariées dans
leurs intrigues par ces mêmes qualités ; mais
les bons esprits ont la satisfaction de voir que
le Gouvernement, à qui rien n'échappe, a su
reconnaître et récompenser le mérite par un
accroissement de confiance sur des objets plus
difficiles et plus délicats, par la nomination
à une préfecture importante, dans un pays
qui figura parmi les premières puissances ma-
ritimes.

A tout ce que j'ai entendu dire de M. de la
Tourrette (car vous vous doutez bien que
c'est de lui que j'ai voulu parler), j'ai conçu
la plus haute idée de son caractère et de ses
talens en administration ; et, en effet, jamais
on ne sut mieux

D'un administrateur prudent, sage, éclairé,
Réunir les vertus au suprême degré,
    Garder en tout la prévoyance,
    Mettre à profit l'expérience ;
  A la douceur unir la fermeté,

Au ton sévère allier la bonté,
   Une sage indulgence
  A la juste sévérité;
  Porter au conseil la prudence,
A l'exécution l'ardente activité;
   Circonspect en sa confiance ;
  Sur-tout jamais n'abandonner
  Une attentive surveillance;
Des intrigans ne point s'environner,
A leurs conseils ne point trop se livrer;
  Mais, d'une vigilance extrême,
Entendre tout et voir tout par soi-même.

L'administration avait ainsi dans ce département le chef qui, par ses lumières et son caractère ferme, était le plus capable de contrebalancer le petit esprit de coteries qui règne à Clermont autant que dans la plus petite ville.

Le successeur de M. de la Tourrette est M. Ramond, préfet actuel. Il a su se concilier l'estime et la bienveillance publiques. Les lettres, qu'il chérit et qu'il cultive avec distinction, les vertus privées les plus honorables, dont il fait ses délices, ne peuvent que le rendre infiniment respectable. Clermont lui devra peut-être ses premiers progrès dans les arts et les sciences.

Il ne me reste plus qu'à vous entretenir des places et édifices publics.

Sans aucune préférence pour l'antiquité, commençons par la nouvelle salle de spectacle.

A en croire l'architecte qui en a dirigé la construction, et qui en est sur-tout fort content, dans ce petit chef-d'œuvre composé sur les plans des plus belles salles de spectacle de l'Europe, sont corrigés tous les défauts dont on a eu à se plaindre, et sont perfectionnées toutes les beautés admirées jusqu'ici en ce genre d'architecture. Aussi les habitans du département, qui ont cru tout cela sur parole, en paraissent-ils passablement émerveillés, et ils n'ont peut-être pas tout-à-fait tort.

3

En effet elle est fort belle,
Et pourrait même au besoin
Leur servir de citadelle :
C'est, je crois, l'unique soin
Dont s'occupa son architecte habile ;
Car on voit très clairement
Qu'à l'agréable il préfère l'utile.
Elle a pourtant un agrément
Qu'on rencontre bien rarement,
Et c'est ce qui m'édifie ;
On y peut au même instant
Entendre le sermon et voir la comédie.

Vous saurez qu'en effet la porte est en face de celle de la cathédrale, à vingt pas de distance à-peu-près.

Cette cathédrale, d'architecture gothique, est assez belle dans son genre, quoiqu'elle n'ait jamais été achevée et qu'elle ait été un peu maltraitée par la tourmente révolutionnaire ; mais la feuille du département a annoncé qu'il est ouvert à la mairie un registre d'*esprit public* pour recevoir la souscription de ceux qui voudront contribuer à la restauration de cet antique édifice.

La halle au bled et l'Hôtel-Dieu méritent encore quelque attention.

On peut même ajouter l'ancien collège, aujourd'hui lycée.

Les promenades sont belles et assez spacieuses. Plusieurs, situées sur des éminences très élevées, donnent des points de vue magnifiques. Il n'en est pas de comparables à ceux dont on jouit de deux places dominant deux bassins qui offrent le coup-d'œil le plus ravissant ; car, dans tout le reste de la Limagne même, rien n'est comparable aux environs de Clermont : on dirait que des mains prodigues et habiles se sont plues à y rassembler tout ce que peuvent réunir en sites agréables, en contrastes heureux, en productions de tout genre, en pittoresque le plus frappant, tous les pays connus.

Les environs de Clermont, ainsi que le reste de la Limagne, ne sont point, comme

beaucoup d'autres belles provinces, de ces
plaines interminables, riches, et riantes à la
vérité, mais si peu variées, qu'après le premier coup-d'œil il n'y reste plus rien à voir.
Cette superbe monotonie fait souvent regret-
ter l'aridité sauvage des lieux escarpés et
incultes. Ici des collines innombrables, agréablement variées sous mille formes diverses,
changent presque sans cesse la scène, et semblent lui donner la vie et le mouvement. C'est
un vrai tableau magique, lorsqu'au printems
leurs coteaux, couverts de pampres naissans
et de milliers d'arbres en fleurs, semblent
unir, sans les confondre, toutes les nuances
des plus belles couleurs.

Enfin, si, pour vous satisfaire pleinement,
il fallait à ce tableau quelques rimes, je vous
dirais :

> Lorsque Zéphire dans la plaine
> Succède à l'Aquilon qui fuit,
> Ranimant de sa douce haleine
> Sa tendre amante qui le suit,

Dans la belle saison où Flore
Va commencer à faire éclore
Le bouton d'où naîtra le fruit;
Alors les plus belles nuances
De l'émeraude, du saphir,
Et du rubis, semblent s'unir,
Et de distances en distances
Couvrir du plus riche tapis
Les prés et les coteaux fleuris.

C'est là que se trouvent ces châteaux heureux, célébrés par l'agréable auteur de la Gastronomie; ces charmantes campagnes que

Cherche la triste nation
Qu'afflige la consomption :
En dépit de sa jalousie
Contre le pays qu'il envie,
C'est dans ce séjour que l'Anglais
A vu disparaître à jamais
Cette noire mélancolie
Qui le consume en sa patrie;
Et qu'il trouve le seul trésor
Qui lui fasse espérer encor
De pouvoir renaître à la vie.

Cependant, malgré tant de prodiges, le Clermontois n'est pas plus sensible à toutes les
beautés de son pays, que les Parisiens ne le
sont aux merveilles de la colonnade du Louvre.

Puisque nous sommes hors de Clermont,
nous n'y rentrerons plus, et je continue à
travers le joli paysage qui l'entoure.

En moins de deux heures j'atteignis les
bords rians de l'Allier. Je ne pus résister au
plaisir de parcourir leurs sites charmans. Je
quittai donc mon chemin pour les côtoyer
quelques instans; mais j'étais loin de penser
que ce serait pour toujours, et de prévoir
toutes les choses merveilleuses, les rencon-
tres singulières, *prodigieuses, surprenantes,*
auxquelles je courais involontairement. J'é-
tais loin de prévoir rien de tout cela, puisque
je n'eus aucun de ces secrets pressentimens
que le destin se plaît quelquefois à envoyer
aux humains pour les prévenir de ses bizarres
décrets.

Je quittai donc la grand'route; et, sans

autre guide que le cours de la rivière, je m'aventurai dans un chemin très peu pratiqué.

L'astre du jour allait bientôt éclairer un autre hémisphère; sous un ciel pur et serein, les chants des oiseaux semblaient s'unir en concert *pour célébrer les bienfaits qu'il répand sur la nature, et le saluer à son départ :* l'air était calme, et l'on entendait le doux frémissement des eaux qui s'écoulaient des ruisseaux voisins.

L'Allier, paisible et réglé, roulait tranquillement ses eaux, dont le fracas des chûtes importune souvent

> Le voyageur silencieux,
> Quand de ses sources élevées,
> Sur des montagnes escarpées,
> Il précipite un cours impétueux.

Tout cela joint à l'heureuse digestion d'un bon dîner, tenait mes sens dans cet état délicieux où par l'effet

> D'un doux anéantissement,
> On ne saurait précisément

Assurer si l'on veille,
Ou bien si l'on sommeille.
Ma personne était à cheval,
Et mon esprit en Angleterre,
Y raisonnant, tant bien que mal,
Sur la paix comme sur la guerre,
Ou sur quelque roman moral.
Bientôt d'une course légère,
A Paris, moins sentimental,
Il rime le doux madrigal,
Des calembourgs en vaudevilles;
Ailleurs s'en va prenant des villes,
Suit NAPOLÉON, et d'un saut
Il emporte Vienne d'assaut.

Mon esprit est très vif, dès-lors des plus agiles,
Moins rapide pourtant, moins prompt que ce Héros,
Qui jamais un instant ne donnant au repos,
Parcourt l'Europe, voit, et soumet cent provinces,
Renverse des états, crée en tout lieu des princes,
Terrasse tour-à-tour et relève les rois,
Encourage les arts, et médite des lois,
Fait fleurir l'olivier sur les champs de la guerre,
Est chéri de son peuple, et fait trembler la terre.

J'étais tellement absorbé dans ces grandes

occupations, que je n'apperçus point que j'allais à travers champs, et je pris même pour le dernier coup de canon parti d'une ville assiégée, un bruit sourd et lointain qui vint frapper mes oreilles. Revenu pourtant de ma profonde rêverie, je regarde autour de moi, et je suis assez étonné de voir, au lieu de l'onde claire et limpide d'une belle rivière, l'eau fangeuse d'un large fossé. Je lève les yeux, et j'apperçois sur le bord opposé un vieux château qui semblait sortir du sein de ces eaux infectes. Le crépuscule commençait à peine, et cependant les ténèbres étaient si épaisses en ces lieux d'horreur, que je me les figurai dans une nuit éternelle, et que, même pendant un instant, je me crus parvenu à la sombre demeure du seigneur Pluton. Point de portes; de loin en loin seulement quelques fenêtres étroites dont certaines encore étaient murées, les autres étaient fermées de fortes grilles, et les ponts des fossés étaient levés. Le silence le plus profond régnait dans cette

solitude affreuse ; tout, en un mot, semblait
y être réuni pour inspirer la terreur ; et j'a-
vouerai que je n'en fus pas entièrement
exempt. Je songeai donc bientôt à m'éloigner, non toutefois par la crainte d'aucun
événement funeste que l'état actuel de nos
mœurs et de l'administration publique ne
permet de supposer qu'en nos romans, mais
afin de pourvoir avant la nuit à toute autre
retraite ; ce qui n'était pas sans difficultés en
des lieux totalement inconnus pour moi. Je
me disposais ainsi à revenir sur mes pas,
lorsque la plus belle voix de femme fit entendre très distinctement cette romance :

De mes tyrans la fureur abusée,
Sous les verroux de cet affreux séjour,
Voudrait en vain bannir de ma pensée
Le souvenir d'un malheureux amour.

Je ne crains point la fortune cruelle,
Tous les malheurs ne sont plus rien pour moi.
Amour ! Amour ! je te serai fidelle :
Hélas ! mes pleurs n'ont coulé que pour toi.

...Je me sentis bien l'ame quelque peu émue ; mais comme je ne courois point le monde dans le noble dessein de redresser les torts, de tenter des aventures ; comme je ne sentis point naître en moi aucune humeur chevaleresque, je ne formai aucune entreprise, et laissai la belle affligée à son malheureux sort ; je dis l'affligée *belle,* et n'allez pas me chicaner de ce que peut-être j'aurais avancé que je ne l'avais pas vue ; il fallait absolument qu'il en fût ainsi, suivant les règles les mieux établies, et d'après les autorités les plus prépondérantes en la matière. Quoi qu'il en soit, je tâchai toujours de mon mieux de retrouver un chemin, quel qu'il fût ; et tantôt tournant, tantôt franchissant vingt palissades ou fossés, j'allai au hasard ; résolu de demander asile à la première cabane qui se présenterait, si j'étais encore plus éloigné de quelque hôtellerie, ou de prendre un guide, si le chemin était trop difficile à tenir.

Je ne tardai guère à trouver des habitations ;

mais je n'en fus pas plus avancé. Par-tout j'eus
à éprouver la rudesse et la grossièreté d'un
peuple indigne d'habiter un si beau pays:
heureux si, après toutes les peines imagina-
bles pour me faire entendre, je parvenais à
obtenir quelques courts monosyllabes d'un
idiôme barbare, entremêlés de juremens qui
voulaient dire en substance que j'étais un
impertinent de venir ainsi demander un chemin que tout le monde connaissait; et la con-
clusion était une invitation franche et sans
détour de me retirer au plutôt; mais pas plus
de guide que d'asile à me donner.

Il fallut donc prendre mon parti du mieux
qu'il me fut possible, et me déterminer à
errer toute la nuit à l'aventure, sauf à m'é-
crier dans ma colère:

Va, peuple grossier et brutal,
Fusses-tu par-delà les colonnes d'Alcide*,

(*) Vers de la tragédie de Phèdre.

Sous un tyran cruel et sous un maître avide,
Pareil au malheureux conduit du Sénégal,
Arrachant à la terre un précieux métal ;
   Jamais la cruelle Euménide
   Au mortel coupable et perfide,
   Non jamais ne fit plus de mal
   Que ma colère en son délire
   En ce moment ne t'en desire.

Malgré cette belle imprécation, il faut convenir cependant qu'avec un peu de persévérance, peut-être eussé-je enfin trouvé une bonne ame qui se fût laissé toucher à la vue de quelque argent ; mais un malencontreux événement m'enleva tout moyen de faire aucune nouvelle tentative.

La nuit était très obscure. A la sortie du hameau j'avais pris un chemin extrêmement creux et étroit, qui ajoutait encore à l'épaisseur des ténèbres dans lesquelles je marchais.

Soudain, à quelques pas de moi, une lueur assez pâle brille et fuit au même instant, fort semblable à la flamme de l'amorce d'une arme à feu; aussitôt un bruit confus et tumultueux de plusieurs personnes qui crient et courent à la fois se fait entendre non loin de là.

Mon cheval effrayé part comme un trait, et, malgré tous mes efforts pour le retenir, m'emporte au hasard dans une vigne, trébuchant et ruant à chaque cep, que la mobilité des pampres flexibles, mise en jeu par les mouvemens brusques et réitérés de l'animal fougueux, lui faisait prendre, dans sa frayeur, pour un ennemi acharné à le poursuivre.

Mais enfin une muraille assez haute présenta fort à propos une barrière insurmontable à cette fougue, et me donna en outre l'espoir de l'approche de quelques lieux habités.

Je me résolus donc à longer cette muraille, dans le dessein de tourner le clos que je présumais être au-delà; mais à peine ai-je fait trente pas, que mon cheval culbute et va me plonger... devinez où ?... dans une mare d'eau, un fossé, un bourbier, un puits, une rivière, penserez-vous, peut-être? hé bien, rien de tout cela... c'était purement et simplement un profond et large dépôt de matières fécales!... J'eusse peut-être resté là fort longtems, si une troupe de villageois, passant à peu de distance avec des brandons, ne m'eût procuré la clarté suffisante pour aborder une issue facile.

Ce n'était pas tout, il fallait bien tâcher d'en tirer mon cheval; et comme je craignais de ne pouvoir seul y parvenir, j'appelai à mon secours les villageois. Ils s'arrêtèrent d'abord, délibérèrent, et vinrent enfin à moi : mais ils ne sont pas plutôt à portée de me voir distinctement fait comme j'étais, qu'ils prennent tous brusquement la fuite, se poussant, s'entre-choquant, laissant l'un son chapeau, l'autre ses sabots, un autre son brandon.

Je me hâtai cependant de mettre à profit les courts instans de durée de cette dernière partie de leurs dépouilles, pour chercher mon triste compagnon d'infortune, et lui porter du secours.

Je le trouvai assez bien sur ses pieds, seulement un peu stupéfié, et je me doutai que ses yeux n'étaient pas entièrement débarrassés du voile liquide qu'ils s'étaient donné en plongeant dans la fosse : sa vue enfin ne me parut point encore bien nette; mais, à ma voix, il fut bientôt debout, et je n'eus pas de peine à le tirer d'affaire à son tour.

Je n'ai pas besoin de vous dire si mon premier soin fut de chercher une rivière où nous pussions nous débarbouiller a notre aise.

Ainsi mille graces te soient rendues,

> Naïade douce et tendre,
> Qui voulus bien me rendre
> Cet office important.
> Je promis, en quittant
> Ton gracieux rivage,
> De donner une page

De ma relation,
A cette ablution;
De célébrer ta gloire
En tous tems, en tous lieux;
D'exalter de mon mieux
Ton heureuse mémoire.

Par bonheur encore j'eus dans ma valise quelques hardes assez bien conservées; ainsi il ne me restait plus d'autre inquiétude que celle de trouver gîte, ou tout au moins un chemin, et ce n'était pas peu de chose au milieu de la nuit la plus obscure. Ajoutez à cela le froid que m'avait laissé mon bain nocturne, le désagrément d'aller à cheval sur des harnais encore mouillés, des éclairs qui commençaient à sillonner l'horizon, le tonnerre que l'on entendait gronder sourdement dans le lointain et qui semblait annoncer un orage violent. En songeant à tout cela, je me fusse déclaré volontiers manichéen ou pessimiste; mais ma pensée venant à son habitude se reposer sur vous, je disais :

4

D'une triste philosophie
Le trop malheureux sectateur
Dit qu'il n'est jamais dans la vie,
Qu'il n'est jamais de vrai bonheur :
Mais, si de ma charmante amie
Il possédait le tendre cœur,
Il reconnaîtrait sa folie,
Il abjurerait son erreur.

Je voulus essayer d'aller à pied en conduisant mon cheval par la bride ; mais après quelques pas incertains, dans la crainte de nouveaux accidens, je pris la résolution de me blottir sous le premier abri qui se présenterait, ne fût-il qu'un arbre touffu, et d'attendre là patiemment le lever de la lune ou le jour.

La nécessité rend industrieux, a-t-on dit souvent. Elle me fit imaginer une tente qu'il ne pouvait être ni long ni difficile de dresser dans les lieux où je me trouvais. Ce fut tout bonnement de recourber assez près de terre, d'assembler en forme d'arc les cimes de deux jeunes saules assez rapprochés et de jeter mon manteau par dessus; mais je n'eus pas à profiter de cet expédient. Au bruit que je fais dès les premières tentatives, une lumière vient subitement frapper mes regards, et en même tems une jeune femme fait entendre ces mots, prononcés du ton de la meilleure urbanité : « Est-ce toi, mon ami?...» Je vous laisse à penser si ma joie fut grande de retrouver de tels accens, à l'heure qu'il était, en des lieux que je me figurais si sauvages ! J'approche rapidement; mais je ne suis pas plutôt apperçu que plusieurs cris se font entendre, et je vois deux femmes et un enfant se précipiter vers une porte que sans doute on venait d'ouvrir, et qu'on se hâte de refermer. Je n'en laissai pas le tems, et j'entrai aussitôt.

Désespérant alors de pouvoir m'éviter, l'une d'elles se jette sur un siège, le visage caché dans ses mains, comme pour le dérober à mes regards. Je m'empresse de la rassurer... Nouveau sujet d'étonnement !... Je reconnais

celle qu'on a vue tour-à-tour, belle D***,
élégante P***, infortunée F***. J'avais été
d'abord reconnu moi-même, et le cri que
j'avais pris pour l'effet de la frayeur ou de
l'attente trompée, n'était réellement que celui
de la surprise d'une reconnaissance imprévue.

Ce premier moment passé, et après avoir
repris un peu ses sens, elle m'apprit ce qu'il
nous restait à connaître de ses aventures depuis celle qui la força à quitter la capitale.
Vous ne serez peut-être pas fâchée d'avoir ce
récit de la bouche même de cette femme vraiment extraordinaire.

« Tous les évènemens mémorables, dans
lesquels j'ai figuré sur le mobile théâtre du
monde, sont, me dit-elle, trop généralement
connus, et vous sont sûrement encore assez
présens, pour que je puisse me dispenser de
vous en retracer le pénible tableau. Que le
passé n'est-il, hélas, en notre pouvoir! le re-

pentir et le remords l'eussent bientôt effacé
pour moi, et l'histoire des égaremens de ma
jeunesse serait déja ensevelie à jamais dans le
plus profond oubli; pour vous comme pour
toute la terre!

« Un dernier attentat a mis le comble et la
fin à mes écarts! Que dis-je? à ma vie crimi-
nelle!

« Obligée de quitter Paris, il y aura bientôt
trois ans, pour des raisons que vous avez sues
sues sans doute, je ne pouvais, dans la situation où je me trouvais, et dans les idées dont
j'étais alors encore toute occupée, je ne pouvais, dis-je, choisir d'autre séjour que celui
des grandes villes. Je me rendis donc à Lyon,
et au moyen de mon esprit ingénieux en
expédiens, au moyen sur-tout de personnes
de mes anciennes connaissances, qui igno-
raient encore mes désastres; je parvins à m'introduire dans l'un de ces cercles modestes
et ignorés, où le dégoût pour le fracas et
la gêne, un grand desir de bonne et franche

liberté conduisent souvent bien des gens du monde.

« Ce fut là que je cherchai pâture au démon d'intrigue dont j'étais possédée, et que j'eus à mettre en œuvre toute la fécondité et la supériorité de ses ressources, car j'étais pressée d'agir et d'expédier promptement les affaires par plusieurs raisons : d'abord par la crainte d'être bientôt reconnue ; puis par la pénurie où, dans la suite, je pouvais être réduite. Je fus peu de tems à trouver dans la même personne, dans la rencontre enfin de M. L***, et ce que je redoutais, et ce que je cherchais également : j'étais connue à fond de cet homme ; je n'avais aucun droit à ses ménagemens, et je ne pouvais rien espérer de sa discrétion ; je n'ai pas besoin de vous dire quelles furent mes craintes au premier moment : tous mes soins pour les déguiser ne pouvaient empêcher M. L*** de les appercevoir. Il se hâta de me tranquilliser. Ses protestations ne furent, hélas ! que trop sincères !

J'étais une précieuse acquisition pour lui dans la situation où il se trouvait; et il n'était pas homme à négliger les circonstances utiles.

« M. L*** nourrissait depuis quelque tems une passion malheureuse pour la jeune héritière de l'une des premières familles de Lyon. La demoiselle n'avait marqué jusqu'alors qu'indifférence pour tous ses adorateurs, et dégoût, aversion même pour M. L***. Du nombre de ceux que les difficultés ne font qu'irriter et rendre plus obstinés, loin de se décourager, M. L***, perdant tout espoir, crut le retrouver dans le crime, dans les complots et les trahisons. Il ne pouvait rencontrer personne plus utile que moi à ses desseins ; il s'ouvrit donc sans beaucoup de préambule : il savait assez combien je lui étais assurée, et qu'il n'avait qu'à indiquer de l'œil pour être servi au-delà même de son attente.

« Je n'eus pas de peine à m'emparer de l'esprit de la jeune personne, et je parvins insen-

siblement à inspirer assez de confiance à toute
sa famille, pour engager d'abord quelques
parties de campagne, et obtenir enfin qu'on
me laissât, durant quelques jours, la belle
Floris.

« C'était le moment marqué pour l'exécution de nos projets criminels; mais dieux !
qu'il m'en coûta cette fois, toute endurcie que
je devais être ! Peut-être le vif intérêt que
m'inspira la dernière victime de mes désor-
dres fut-il le premier pas vers le retour
heureux que j'ai fait, dès cet instant, sur moi-
même.

« Tout était disposé de manière qu'aucun
préparatif ne pouvait être apperçu, ni trou-
bler en aucune façon l'ordre habituel de la
maison. Cependant la plus sombre mélancolie vint tout à coup s'emparer de la pauvre
Floris, et obscurcir la sérénité de son beau
visage, pendant toute la soirée qui précéda
la nuit fatale. Ne sachant comment expliquer
l'embarras et l'espèce d'inquiétude qui se ma-

nifestaient sur toute sa personne, en vérité,
je ne pouvais qu'à peine me défendre de croire
aux pressentimens; je ne me sentis jamais si
vivement émue : plus d'une fois même les
remords commencèrent à se faire entendre et
je faillis céder à leur voix; mais telle est la
force des liens invisibles qui nous retiennent
dans le crime dès que notre mauvais sort nous
y a une fois conduits, qu'il est bien difficile,
pour ne pas dire impossible, de jamais en ré-
trograder. J'ai la douleur de l'avoir vue triompher, en cet instant, des plus puissantes at-
taques, des plus rudes combats.

Faibles humains entraînés par les vices,
Vous espérez arriver au bonheur!
Vous êtes loin d'entrevoir les supplices
Que vous prépare au fond de votre cœur
Un avenir séduisant, mais trompeur.

Si, par degrés, emportés dans le crime,
Vous vous laissez une fois engager,
Vos yeux jamais mesurent-ils l'abyme

Où vous allez pour toujours vous plonger?

Et pourrez-vous un jour vous dégager?

« A une heure après minuit, j'entrai dans l'appartement de l'infortunée victime; elle dormait, Que son repos était intéressant! C'était celui de l'innocence, c'était le calme d'une ame vertueuse; tous les charmes de la candeur se peignaient en chacun des traits de la plus jolie figure.

« J'eus besoin de rassembler toutes mes forces pour y faire succéder le trouble et l'effroi.

« Floris, éveillez-vous; il faut vous lever, ma chère, et vous disposer à partir, lui dis-je enfin. — Qu'est-il arrivé?.... dieux!.... maman!.... mon père!.... — Ce n'est rien, rassurez-vous, votre père est appelé par le gouvernement à un poste important qui doit le tenir éloigné de sa famille pour quelque temps; il ne peut point différer son départ et il veut recevoir les adieux de sa chère Floris.

« Il n'en fallait pas tant à cette excellente fille, et tout fut bientôt disposé à notre gré, sans que la moindre défiance, le plus léger soupçon eussent pu occuper un seul instant sa belle ame. Rien ne répondait assez à son impatience. Enfin nous montons en voiture et nous partons.

« M. L*** n'avait paru qu'une seule fois à la campagne où il m'avait établi lui-même ; il savait assez qu'il n'avait rien à attendre là de très satisfaisant pour sa passion, même pour son amour-propre, et en habile politique il s'était abstenu de venir aussi souvent qu'il l'eût désiré. Il conserva la même prudence jusqu'à la fin ; il eut bien garde de se montrer à l'instant du départ ; il se contenta de suivre la voiture, à cheval. Floris était avec moi seule.

« Il ne nous eût fallu au plus que deux heures pour nous rendre à Lyon ; Floris comptait tous les instans. Les deux heures écoulées, elle commençait à le remarquer, lorsque tout-à-coup la voiture s'arrête; la portière s'ouvre brusquement, un homme prend place, on referme, et nous repartons. Floris jette un cri, et se presse contre moi en tremblant; l'obscurité profonde où nous étions ne lui avait pas permis de reconnaître M. L***, qui, dès qu'elle fut en état de l'entendre, lui parla ainsi:

« Vous avez auprès de vous, mademoi-
« selle, ce même L***, objet de vos dédains,
« peut-être de vos mépris. Votre sort est
« changé; il est aujourd'hui en mes mains.
« Cependant il ne tiendra qu'à vous d'en
« adoucir ou d'en accroître la rigueur. Un
« jour peut-être n'aurez-vous plus de repro-
« ches à me faire sur la violence exercée en-
« vers vous. Pour le moment il serait aussi
« superflu qu'inutile de chercher à l'excu-
« ser. »

« Ce discours révoltant, prononcé du ton le plus amer et plus dur, rendit à Floris toute son énergie; elle tressaillit d'indignation, et, en s'éloignant promptement de moi, elle répondit avec fermeté :

« Vous ne justifiez que trop l'aversion que
« j'avais conçue pour votre personne ; vous
« y joignez maintenant l'horreur et le mépris.
« Sachez cependant que je ne suis pas telle-
« ment en votre pouvoir que je ne puisse m'en
« délivrer quand je le voudrai ; c'est-à-dire
« quand mon honneur l'exigera. Dans ce peu
« de mots, les derniers que vous puissiez en-
« tendre de ma bouche, vous avez la juste
« mesure et de mes craintes et de vos espé-
« rances. »

« S'adressant ensuite à moi : « Et vous,
« madame, quel personnage faites-vous ici ? »

« Cet accent mâle que donnent la vertu et le
vrai courage est presque toujours le coup de
foudre pour l'homme injuste et criminel.
M. L*** fut anéanti, et demeura entièrement
absorbé dans des réflexions sans doute bien
pénibles, si son cœur n'était pas encore par
venu à cet état d'endurcissement impénétrable

à tout remords. Pour moi, j'étais navrée de
douleur, et je ne pus arrêter mes larmes que
je m'efforçais de retenir dans la crainte d'ex-
citer la défiance d'un homme tel que M. L***,
soupçonneux à l'excès comme tous ceux dont
la vie n'est qu'un tissu d'iniquités.

« En effet, soit qu'il eût surpris quelqu'un
des soupirs que je cherchais à étouffer, soit
qu'il voulût simplement déguiser son trouble,
soit enfin toute autre raison, il m'adressa le
propos sur la chose la plus insignifiante, en
affectant évidemment de se composer sur un
ton léger et badin. Je ne répondais point ; il
insiste, et forcée enfin, je ne pus faire entendre qu'une voix mal assurée et entrecou-
pée. Je n'échappai point, et dès-lors régna le
plus profond silence.

« Le jour commença bientôt à paraître,
et quoique les stores de la voiture fussent
baissés, il me fut facile d'entrevoir dans le
regard inquiet et scrutateur de M. L*** ses
dispositions à mon égard. Nous voyageâmes

sans nous arrêter, si ce n'est peut-être pour
changer de chevaux; mais jamais il ne nous
fut permis de descendre de voiture, ni même
de prendre l'air; et chaque fois que le bruit
du pavé annonçait l'approche d'un lieu ha-
bité, M. L***, toujours vigilant et attentif,
ayant cru remarquer en Floris des intentions
d'appeler du secours, se hâtait de lui fermer
la bouche d'un mouchoir épais, en nous ob-
servant attentivement l'une et l'autre. Aucun
évènement digne d'être rappelé ne vint au
surplus marquer le cours de cette cruelle
journée.

« Vers le milieu de la nuit suivante, M. L***
fit arrêter, sortit de la voiture, et vint un
instant après m'engager à descendre; mais je
n'ai pas plutôt mis pied à terre, qu'il re-
monte, ferme subitement, et me laisse avec
un de ses gens, qui au même instant m'offre
un cheval pour continuer ma route, dit-il...
Étourdie de tous ces mouvemens, dont la
promptitude ne me laissait guère le tems de

la réflexion, je déférai machinalement à l'invitation, où plutôt aux ordres du ministre des volontés de M. L***. Je cherchai cependant à en tirer quelques éclaircissemens, mais ce fut inutilement; il garda le silence le plus opiniâtre, et de ce silence même j'augurai à-peu-près l'évenement qui survint bientôt.

« Il n'y avait pas plus de demi-heure que M. L*** nous avait quittés, lorsque mon conducteur abandonne le chemin que nous suivions, et prend un sentier assez étroit qui s'écartait au loin sur la gauche : il était impossible qu'une voiture eût passé par-là; il était donc évident que je ne devais plus rejoindre M. L***. Mes premiers soupçons, devenus ainsi en quelque sorte une certitude, j'eus un instant la pensée de me refuser à quitter la grand'route, sinon dans le dessein de retrouver M. L***, au moins dans l'idée de ne pas me livrer entièrement à ses projets; mais que faire encore seule, au milieu de la nuit, dans un pays inconnu, et qu'avais-je dans ma situation à craindre ou à espérer plus de l'un que de l'autre parti?

« Je me soumis donc, pour l'instant, avec la plus entière résignation.

« Nous marchâmes ainsi jusqu'à un bourg assez considérable que nous rencontrâmes au bout d'une heure à-peu-près. Il ne me parut point que l'intention fût de s'arrêter dans ce lieu ; mais je pris aussitôt la détermination de ne pas aller au-delà. A la première maison où j'apperçois une enseigne, je m'élance donc de cheval, et vais m'attacher fortement à la porte, heurtant à coups redoublés, et appelant vivement à moi.

« Je m'apperçus bientôt qu'en ce point là j'avais faussement conjecturé sur les desseins formés à mon égard. L'homme qui m'accompagnait, au lieu de mettre aucune opposition à ma démarche, s'empressa de concourir à obtenir au plutôt asile dans cette auberge, frappant et appelant lui-même de toutes ses forces.

Cette conduite inattendue me fit soupçonner dès-lors que le but était seulement de m'éloigner des traces de M. L***, n'importe de quelle manière ; mais que je ne devais être contrariée d'ailleurs en aucun point, pourvu que le but proposé fût atteint. Cette pensée me tranquillisa aussitôt, et disposa même l'humeur naturellement enjouée qui constitue le fond de mon caractère, à prendre quelque part à ce qui se passait autour de moi.

« Toute l'hôtellerie fut bientôt en mouvement, aux cris aigus d'une voix glapissante qui donnait l'alerte dans l'intérieur, tandis que nous faisions tout notre vacarme au dehors. On ouvrit enfin ; et à ma vue les ordres, les contre-ordres, les conjectures, les questions, les réponses, les imprécations, les déprécations doublèrent en un clin d'œil le torrent de paroles et de juremens qui se précipitaient à grand bruit de la bouche d'un petit squelette de femme. »

« Ah ! bon Dieu, la belle dame !... Une

« chaise... Mais voyez comme il est lourd !...

« Pardon, madame !... Le médecin, vite !...

« mais non, restez ; madame connaît peut-

« être le régime qu'elle a à suivre. N'importe,

« il faut toujours un médecin ; allez, allez...

« Madame vient-elle prendre les eaux ? Ah !

« mon Dieu, je vois bien que non ! Courez,

« Jeannette, et ramenez cet imbécille qui tou-

« jours marche à contre-sens, tantôt à pas de

« tortue, tantôt plus prompt que le vent. Ah !

« madame, excusez : mais cet idiot-là me met

« toute la journée hors de moi. Donnez-vous

« la peine de vous asseoir. »

« C'est, je crois, par ce flux et reflux con-
tinuel que cette pauvre femme était venue
insensiblement à un tel point d'épuisement,
qu'à la voir on eût dit qu'elle avait à peine
un souffle de vie. J'appris ensuite qu'elle
avait enterré deux maris qui n'étaient pas
munis d'une assez forte dose de patience.
Quant au troisième, bon réjoui, il semblait
faire ses délices de ce qui avait tué les autres ;

il riait de tout, et y gagnait chaque jour force embonpoint.

« Dès qu'il me fut possible de faire entendre quelques paroles, je n'eus rien de plus empressé, comme on sent, que de m'informer en quels lieux j'étais.

« On m'apprit donc mon bonheur sans pareil d'être arrivée à Vic-le-Comte en Auvergne, où je trouverais les eaux minérales les plus salutaires qui fussent au monde, les plus propices, les plus efficaces sur-tout pour les femmes stériles, en dépit de tous les autres lieux possibles, qui pouvaient posséder de semblables eaux; que, s'il en était quelques unes à qui l'on voulût bien accorder un peu plus de vertu, c'était par effet du caprice, bizarrerie de la médecine, heureux hasard de la vogue, excitée par la rencontre fortuite de bons et habiles prôneurs; et que celles de Vic-le-Comte en Auvergne, pour n'avoir pas tous ces avantages, et être au contraire complètement ignorées, n'en étaient pas moins supérieures à toutes les autres.

« Tout ce discours sur ces eaux de Vic-le-Comte, dont je perdis les trois quarts au moins, me rappela de suite à ma situation, éloignée pour un instant de ma pensée par la gaîté des scènes qui se succédaient rapidement autour de moi ; cette situation ne me permettait guère en effet de me voir avec plaisir dans un lieu qui attirait un concours d'étrangers, parmi lesquels il pouvait s'en trouver qui me reconnussent.

« Toutefois l'état de mes affaires était loin d'avoir empiré depuis la rencontre imprévue de M. L***, je puis dire même qu'il s'était beaucoup amélioré; et si l'aventure de Floris, encore récente, ne fût venue trop souvent porter le trouble en mon ame, j'aurais pu jouir en ces instans d'un calme assez parfait; mon esprit aurait pu avoir toute la liberté nécessaire pour donner à sa vivacité et à son enjouement leur entier essor.

« Le jour allait bientôt paraître ; mais j'avais grand besoin de repos, et je demandai un lit.

« Je ne pouvais dormir long-tems en un lieu si bruyant ; puis j'avais à délibérer sur un parti à prendre, et mon impatience naturelle dans toute incertitude de résolution, tenant mes facultés morales continuellement en échec, je ne pouvais jouir d'un sommeil très profond.

« Le réveil du matin est le moment le plus favorable aux spéculations, et j'étais ce jour-là plus particulièrement disposée à la réflexion d'une manière merveilleuse : aussi je fis les plus beaux raisonnemens que je me souvienne d'avoir jamais mis au jour.

« Pour procéder méthodiquement, je commençai par l'examen de ma vie passée.

« Quelle fut ma surprise de ne plus retrouver le même attrait aux chimères que j'avais le plus caressées, aux illusions dont j'avais espéré tout mon bonheur et mes plus chères délices ! tous leurs charmes s'étaient évanouis ; je ne voyais plus que vuide et dégoût à leur possession, tourmens et angoisses de tout

genre à les poursuivre, les atteindre, et les
retenir au milieu du tourbillon du monde ;
enfin je puis dire que je ne regrettais rien de
ce tumulte que l'on est convenu d'appeler
éclat, splendeur, magnificence, grandeur
même.

« Ce n'est pas que je fusse privée de toute
espérance de pouvoir jamais me relever ; j'a-
vais encore tous les moyens, toutes les ressources dont je savais si bien user, et qui
m'avaient si bien servi ; mes finances étaient
même, peu auparavant, beaucoup moins brillantes.

« Ce coup-d'œil rapide, ainsi jeté sur un
tems passé, qui ne présentait rien de flatteur
et me laissait bien des remords, était un grand
pas déja vers un avenir meilleur ; mais il s'agis-
sait d'abord de régler le présent, ce qui n'était
pas chose aisée : où aller, en effet ? J'étais
brouillée en plusieurs lieux avec la justice,
que l'aventure de Floris mettait encore tout
fraîchement à mes trousses. Choisirais-je mon

séjour à la ville ou à la campagne? c'était ce
que je ne pouvais résoudre encore, et c'était
sur quoi je délibérais très sérieusement, lorsque j'apperçus sur une table une valise que je
ne connaissais pas, avec un papier plié par-
dessus. Je me rappelai très positivement que,
m'étant déshabillée, il y avait à peine quelques heures, auprès de cette même table,
j'y avais déposé plusieurs effets, et que je n'y
laissai alors rien autre. Ma curiosité fut vivement piquée; je vole au billet, l'ouvre, et y
trouve uniquement mon adresse écrite d'une
main inconnue; je m'empresse de visiter la valise. Quel sujet de surprise! des sommes en
or pour près de cinq cents napoléons, avec
la cassette de mes bijoux que j'avais laissée
dans la voiture de M. L***. Je cherchai s'il
n'y aurait pas à côté de tout cela quelque
écrit qui pût me donner des instructions sur
la destination de cet argent, je ne trouvai
rien; mais je ne pus douter que ce ne fût un
trait de la libéralité de M. L***, prodigue à

l'excès pour tout ce qui peut concourir à faire triompher ses passions violentes, d'obstacles difficiles à vaincre.

« Cet incident imprévu aurait bien pu en d'autres tems exposer à quelques risques ma nouvelle philosophie, et changer un peu la tournure de mes idées ; je demeurai pourtant inébranlable. Cet or, qui m'arrivait ainsi tout-à-coup, sans être attendu, ne me tourna point la tête. Je ne fus point tentée de courir à de nouvelles aventures ; je conçus même inopinément le plan de vie que j'effectuai dès-lors, et que j'ai constamment suivi ; je renonçai pour jamais aux plaisirs trompeurs des cercles brillans des villes, où ne règne qu'une fausse gaîté à côté de la gêne et de la contrainte, et où l'on est sans cesse froissé par le choc de tant de passions qui s'y livrent une guerre éternelle. Je pris donc résolument le parti de la retraite au milieu d'un petit nombre d'amis, chez qui tout cérémonial et toute étiquette seraient proscrits, où l'on ne trouve-

raît que cette civilité, cette politesse qu'exige
un goût délicat, cette décente liberté qui ex-
clut également une excessive réserve, comme
une trop grande familiarité, de la franchise
autant que possible au milieu des hommes;
mais où trouver toutes ces belles choses réunies? Nouvel embarras dans le choix de mon
séjour! Je commençais à pencher pour la campagne, qui me semblait plus convenable à ma
situation; et ce n'était pas là cependant où je
pouvais rencontrer tout ce que je desirais,
l'exiguité de ma fortune ne pouvant me tenir
toujours à une distance suffisante de la classe
moyenne, et me mettre hors de toute atteinte
de sa rudesse, de sa sottise, et de son indis-
crète et maligne curiosité. J'ajournai donc encore à cet égard toute détermination, que j'a-
bandonnai en quelque sorte au hasard, ou
plutôt aux évènemens.

« La chose essentielle pour le moment,
celle qui ne devait pas être ajournée, était de
quitter promptement Vic-le-Comte, où je

pouvais être reconnue, comme je l'ai dit :
d'ailleurs, bien que j'eusse toutes sortes de
raisons de compter sur quelque discrétion dans
les discours qu'avait pu tenir à mon sujet
l'homme de M. L***, ne fût-ce qu'en vue de
son maître, je ne pouvais deviner au juste
sur quel ton il m'aurait traitée dans l'hôtellerie.

« J'allai en conséquence demander une voiture de louage pour me conduire à la capitale du département, où j'aviserais à loisir à
ce que j'aurais à faire ensuite.

« Je trouvai les égards qu'on m'avait d'a-
bord rendus baissés de beaucoup. L'infatigable parleuse, qui m'avait étourdie à mon
arrivée par sa volubilité intarissable, était
devenue taciturne; à peine daignait-elle lever
le regard sur moi, et m'honorer de quelques
monosyllabes de réponse. Il était évident que
l'homme de M. L***, tout en veillant aux inté-
rêts de son maître, m'avait peu ménagée.
C'était la première fois que j'éprouvais les

traits d'un juste mépris; je sentis vivement combien ils sont cruels!

« On me procura cependant une mauvaise cariole. Je la retins, faute de mieux, et je partis dès que j'eus déjeûné.

« Le pays que je parcourais est charmant, et c'était dans les jours de mai les plus rians. Les douces sensations dont ce beau spectacle vint remplir mon ame ulcérée répandirent heureusement quelque baume sur des plaies qui, à peine cicatrisées, venaient de recevoir une si dure offense.

« Il y avait à-peu-près une heure que j'allais d'extase en extase. Pour mieux jouir de la beauté de la campagne, je voulus me promener un instant. Je marchai ainsi, moitié admirant, moitié rêvant, jusqu'à l'entrée de l'avenue d'une maison de campagne que plusieurs affiches posées sur les premiers arbres annonçaient en vente *par autorité de justice*.

« Cette habitation, assez modeste, me plut

par sa situation, et je pris fantaisie de la connaître d'une manière plus particulière. Pourquoi ne fixerais-je pas mon séjour ici? me dis-je ; quel attrait pourrais-je avoir pour tout autre lieu ? Hélas ! une malheureuse comme moi n'a plus ni patrie, ni parens. Réduite à n'en avoir que d'adoptifs, quel motif aurais-je de les choisir plutôt ailleurs qu'en ce beau pays? Des amis, s'il en est tels que je les desire, ne puis-je pas les trouver ici comme par-tout?

« Que je fus bien inspirée ! je dois à cette pensée le seul vrai bonheur, les plus pures jouissances que j'aie jamais goûtées!.

« Je suivis l'avenue, et me trouvai bientôt auprès du plus agréable hermitage; les charmes naturels d'un site dominant sur le vallon, la fertilité du sol, des ombrages multipliés et agréablement variés, quoique sans art; des eaux abondantes jaillissant de toutes parts, s'écoulant ici d'un cours paisible et réglé dans un faible ruisseau, plus loin se

précipitant avec fracas de cascades en cascades , en faisant voler au loin leur onde
écumeuse, et déployant ailleurs leurs napes
argentées sur le vert gazon qu'elles animent
et émaillent de mille fleurs ; par-tout une élégante simplicité dans une ordonnance purement agreste , rarement de la symmétrie ;
mais toujours celle-là seule que permettent
de supposer les jeux ordinaires du hasard :
tels sont les riches ornemens qui, dans ce
joli séjour, promettent par fois d'y entrevoir,
d'y soupçonner même les conceptions et la
main de l'homme , sans jamais néanmoins les
déceler entièrement.

« Le genre d'architecture et les décorations
sont en harmonie parfaite avec les alen-
tours.

« Je parcourus la majeure partie des bâtimens sans rencontrer personne ; je ne parvins enfin à trouver ses habitans que dans
un des appartemens les plus reculés : mais
quel tableau de douleur vint alors frapper

mes regards ! madame, que voilà, était dans le délire d'une fièvre ardente; son mari, pâle et défiguré, debout près du lit, annonçait par son attitude le plus terrible désespoir; un petit enfant dormait dans un berceau, deux autres cherchaient par leurs caresses à consoler une vieille domestique en pleurs; une petite fille d'environ six à sept ans était à genoux non loin de là, les yeux fixes et les mains étendues vers le ciel, qu'elle implorait dans son affliction. A peine me suis-je montrée, qu'elle se lève précipitamment, court à moi comme vers l'ange protecteur qu'elle eût cru envoyé au secours de sa malheureuse famille, et en s'écriant: « Ah ! madame, sau- « vez-nous »; elle se saisit de mes mains qu'elle inonde de larmes.

« Je fus profondément émue. — Dites-moi le sujet de vos chagrins, ma petite amie, répondis-je à cet intéressant enfant. — Ah ! madame, ce soir je n'aurai plus de maman. Un méchant veut nous prendre notre bien, e demain il fait vendre tous nos jolis vergers, notre jardin, et cette maison. »

« M. G*** (le mari de madame) s'étoit approché, et de ce ton pénible d'une politesse forcée qui dénote plus qu'elle ne déguise les agitations, les tourmens de l'ame :

« Sans doute, me dit-il, que nous ne som« mes pas l'objet de la visite de madame, et « encore moins de ses sollicitudes. Ce n'est ni « le siècle ni le pays où l'on recherche l'infor« tuné. »

« Ce peu de mots accrut sensiblement le vif intérêt que j'avois conçu au premier abord pour la famille de M. G*** et pour ses revers ; je me hâtai de répondre :

« Ce n'est pas le moment de vous appren« dre, monsieur, le sujet de ma présence en « ces lieux ; peut-être deviendra-t-il plus heu« reux pour vous et pour moi que je n'avais « pu d'abord l'entrevoir. Fasse le ciel du « moins qu'il le soit autant que je me plais à « l'espérer ! mais pour cela j'ai besoin de con-

« naître tous les détails de votre situation
« présente. Pardonnez si je viens réveiller vos
« peines, en rappelant sur elles une attention
« trop vive et trop soutenue ; l'intérêt qui
« m'anime ici n'est pas celui d'une oiseuse et
« stérile curiosité ».

« M. G*** m'engagea alors à m'asseoir, et
me parla en ces termes :

« J'ignore de quelle utilité pourra être pour
« l'un ou pour l'autre de nous la connaissance
« que vous desirez avoir de mes malheurs ; j'i-
« gnore même à qui j'ai l'honneur de parler.
« Cependant je sens que je ne puis me refuser
« au genre d'instances que vous employez avec
« une supériorité de ton et de manières vrai-
« ment entraînante : aussi-bien ne faut-il pas
« que l'injustice et la perversité des hommes
« bannissent de nos cœurs toute confiance,
« en nous rendant injustes nous-mêmes ! Au
« surplus que pourrais-je avoir aujourd'hui
« à craindre ou à espérer ?

« Je suis une victime du fléau le plus cruel,

6

« les procès; oui, les procès ont causé à eux
« seuls plus de maux au genre humain que la
« guerre, la famine et la peste réunies. Il
« semble que Thémis n'ait reçu son bandeau
« que pour laisser usurper son empire divin,
« dont la terre est sans doute indigne, par la
« fraude, l'imposture, la mauvaise foi, par
« la chicane, en un mot. Je n'entends point
« toutefois m'ériger ici en censeur chagrin d'au-
« cune de nos institutions sociales; et, même
« dans l'ordre judiciaire, il faut bien croire
« qu'après l'expérience de tant de siècles tou-
« tes institutions ont acquis aujourd'hui la
« perfection possible en toute création hu-
« maine; ainsi raisonnablement je ne devrais
« pas me plaindre de ce qui n'est qu'effet des
« abus, puisque je ne puis douter que les
« abus soient inséparables, comme l'imperfec-
« tion des ouvrages des hommes. Je ne sais
« donc pas trop pourquoi j'ai débuté par une
« sortie aussi exaspérée; mais l'indignation
« et l'aigreur, excitées par l'injustice, sont

« bien aussi dans la nature, et leurs empor-
« temens doivent bien aussi s'excuser.

« Mes maux sont le fruit d'un genre d'abus
« particulier aux tribunaux des très petites
« villes. Ce genre d'abus, peu signalé jus-
« qu'ici, n'est pourtant pas le moins grave.
« Voici en quoi il consiste :

« Des notaires avides et sans pudeur, pour
« assurer plus infailliblement le succès de
« leurs frauduleuses pratiques, suivent et vont
« jusqu'à plaider eux-mêmes devant les tri-
« bunaux les procès qu'ils ont machinés dans
« l'exercice de leur important ministère.

« J'ai eu le malheur de donner ma con-
« fiance à un de ces estafiers pour dresser et
« garder en dépôt certains actes que j'ai eus à
« passer dans une petite ville de ce départe-
« ment. Un fripon, excité par le misérable,
« m'a intenté un procès dont l'issue et les évè-
« nemens dépendaient essentiellement de cer-
« taines formalités de quelques expressions
« dans ces actes.

« Je vous épargne des détails qui ne sont
« guère à la portée de quiconque n'est pas ini-
« tié dans les mystères de la chicane, détails
« toujours très fastidieux à qui que ce soit. Il
« me serait d'ailleurs difficile de rendre intel-
« ligibles aux autres des choses que je n'ai ja-
« mais trop bien comprises moi-même. Je me
« borne donc à vous dire en peu de mots ce
« qui est justement nécessaire pour vous don-
« ner une idée de mes infortunes.

« Le fripon acharné à ma perte eut pour
« avocat devant les tribunaux ce même no-
« taire qui avait la garde des actes dont je
« viens de parler, et au moyen d'omissions
« ménagées d'avance, au moyen encore d'al-
« térations dans ces actes, j'ai succombé par-
« tout.

« Chacun dans le public, même parmi les
« juges, reconnaissait et proclamait en tous
« lieux la friponnerie: on s'en indignait; et
« les juges disaient que j'avais raison aux yeux
« de l'équité, mais que j'avais tort devant la

« loi, et ils me condamnaient impitoyable-
« ment. Le public, qui n'entendait que la
« voix de l'équité et ne comprenait pas com-
« ment il pouvait se faire que la loi lui fût
« jamais contraire, ne savait assez s'étonner,
« s'écrier que je devais gagner mon procès.
« Tous me plaignaient sincèrement et déplo-
« raient mon sort d'être ainsi la victime de la
« fraude et de la mauvaise foi. J'appelais en con-
« séquence de tous jugemens, je me pourvoyais
« contre tous arrêts, et je ne faisais que creuser
« de plus en plus l'abyme, en ajoutant toujours
« nouveaux frais, jusqu'à ce qu'enfin, ayant
« épuisé toutes les voies qu'ouvrent les lois
« pour obtenir justice, il a fallu céder.

« Après tant de rudes épreuves, j'eusse en-
« core résisté à la douleur d'avoir perdu les
« deux tiers de ma médiocre fortune. J'étais
« capable de supporter des privations, et de
« me réduire à un genre de vie conforme à
« ma situation : moins malheureux que moi,
« mes enfans n'étaient point faits encore à des

« habitudes qui pussent leur rendre sensible
« le changement de leur position, et les pri-
« ver des ressources du travail.

« Cette philosophie, que l'on ne peut com-
« prendre à la ville dans le beau monde, et
« que l'on y traiterait sans doute de chimère,
« n'est point rare chez l'habitant des campa-
« gnes : c'est peut-être la véritable source des
« félicités pures, de la paix, des plus chères
« douceurs de la vie champêtre, que ce peu
« d'attachement aux richesses, ou du moins
« cette facilité à renoncer au superflu.

« Je pouvais sauver de mon désastre à-peu-
« près le tiers de ma fortune, ai-je dit ; mais
« pour cela il eût fallu, en sacrifiant de suite
« le surplus, pouvoir vendre, afin de me libé-
« rer et éviter les frais énormes des ventes en
« justice ; mais l'homme d'affaires de mon
« persécuteur avait aussi ses calculs à lui, et
« ces calculs étaient bien opposés aux miens ;
    il lui fallait encore les immenses profits que
« lui assuraient ces ventes en justice. Je n'ai

« pas eu un seul moment de répit; et à peine
« rentré dans mes foyers, après une longue
« et douloureuse absence, à l'instant même
« où je goûte les premières douceurs de mon
« retour dans ma famille, des tendres em-
« brassemens de ma femme et de mes enfans;
« douceurs, hélas! en d'autres tems si en-
« tières et si pures, mais alors mêlées de tant
« d'amertumes, je vois couvrir d'affiches les
« murs de ma maison et de toutes mes pro-
« priétés. Quel coup terrible! tout mon bien
« allait être fondu. Point d'état; nulle indus-
« trie, pas la moindre ressource, et quatre
« jeunes enfans!... Mon épouse n'a pu y
« résister.... »

« L'infortuné M. G*** ne put en dire da-
vantage, oppressé par les sanglots qu'il cher-
chait en vain à étouffer. Il se leva brusquement, et courut vers Madame : mais, rassuré
par le sommeil paisible que goûtait en ce moment la malade, il revint bientôt.

« Plus libre dès-lors de reprendre un entre-

tien qui seul pouvait me donner les instructions nécessaires à l'exécution des desseins
que je roulais depuis un instant dans la tête,
je me hâtai de m'informer à quelles sommes
pouvaient s'élever les dettes de M. G***; et
j'appris, avec un plaisir jusqu'alors inconnu
pour moi, qu'elles n'excédaient point les valeurs que je pouvais avoir à ma disposition.

« C'était le lendemain que devait être con-
sommée la ruine de l'infortunée famille; il
n'y avait pas un instant à perdre. Je m'éloi-
gnai donc promptement, après avoir essayé
de faire renaître quelque espoir dans le cœur
brisé du triste M. G***. Je vole chez ses créan-
ciers, et je suis assez heureuse pour parvenir
à les désintéresser entièrement.... »

Le récit de notre héroïne fut interrompu
à cet endroit par l'apparition subite d'un
vrai Jeannot de comédie, attaché au service
de M. G***, et dont le sinistre aspect fit au
premier abord une fort pénible diversion

dans l'esprit de ces dames. Arrivé tout défiguré, un côté de sa blonde crinière brûlé,
un œil fort endommagé, et ses vêtemens dé-
labrés tout couverts de boue ; ses continuelles
exclamations, qui le rendaient sourd à toutes
questions et ne permettaient aucun éclaircis-
sement assez prompt, alarmèrent vivement.

Quant à moi, qui étais étranger à tous ces
sujets d'alarmes, je ne pouvais voir dans tout
cela que la réalité d'une scène par excellence
des chefs-d'œuvre dramatiques du jour ; scènes enchanteresses que tant d'honnêtes gens
de notre connaissance mettent bien au-dessus
des meilleures de l'Avare, du Misanthrope,
du Tartufe, du Joueur.

« Ah ! mon guieu ! mon guieu ! criait à tue-
tête notre niais, en frappant des mains sur
ses genoux, « ah ! mon guieu ! mon guieu !...
« Je l'ons vu !... oh ! je l'ons vu c'te fois !...
« j' savons comm' i est fait à cet' heure ; qu'i
« viannent m'guire à présent, i est comm' ci,
« i est comm' ça, i a guié cornes, un' queue...

« Ren de quiout çà... Je l'ons vu... i équé...—
« Mais qu'as-tu vu ? demandent à la fois les deux
« dames. — Oh ! je l'ons vu ! je l'ons vu !... —
« Mais qui donc, qui donc, butor ? dit à son
tour la bonne d'enfant, en le tirant rudement
par la boutonnière à moitié entrainée, et
qu'elle finit d'emporter. — « Oh ! si vous
« vous y prenez comm' çà, je n' saurons pu
« comm' i faut guire... Un peu de repos, si
« vous voulez que les idées me revegniont.
« Vous m'avez quiout retourgné encore l'es-
« prit en m' remuant comm' çà... Attendez...
« où est-c' que j'en équions ?... Je guisions
« comm' çà que, comme lorsque nous équions
« allés à l'entrée d'la gniuit à la péche pour pé-
« cher avec M. G***, v'là que, comme nous sui-
« vions la rivière où c'qu'il ly a de l'eau pour
« lever les filets, nous n'en avons point trou-
« vé, parcequ'i n'y équions plus. Alors Mon-
« sieur s'est pris gue guire, i' sont *envolés !*
« vois-qu les pieds ? — Moi, je ne voyons que
« des chauves-souris envolées, Monsieur, ce

« fé-je. Puis Monsieur qui me guit, i' ne sont
« pas llioin, je les entenguions par ici. I' ne
« pouvont manquer de passer par-lià; pour
« liès surprendre... emb... emb... Ah! mon
« guieu, comment a-t-i' dit çà, Monsieur?...
« Emb... *embousquons-nous*... C'est çà même
« qu'a guit Monsieur. Embousqu'ons-nous.
« Ce qui fut guit fut fé. Quand nous fûmes dans
« le bousquet, nous nous cachâmes derriére
« un arbre; et même j' voullions grimper des-
« sus, si Monsieur ne nous en avions pas
« empêché, et je me contenquîmes d'y regar-
« guer d'en-bas. Comme je voyons remuer
« queuq' chos' à la fin' pointe, et qu' j'allions en
« averquir Monsieur, v'là que je l' vois qu'i' a
« son fusil en joue, et qui quire ses guieux
« coups tout de suite. Ç'a fit chic; i' gn'y eut
« que l'amorce qui prit. — L'imbécille, inter-
« rompt vivement madame G***; il me fera
« mourir d'impatience. Dis-nous donc, où as-
« tu laissé ton maître? — Et, parguïne, i' est à
« la méson. — Et il n'a pas de mal? — Mon

« guieu non; i' est pu gaillard que moi : le
« Guiable n'a pas eu envie d'un de ses œils à
« liui... Mé vous ne me léssez tant seulement
« pas guire; vous me brouillé toujours... V'là
« à présent que j'ons perguiu ma souvegnian-
« ce... — Allons, allons, reprit la bonne; tu
« disais, *le fusil fit chic*. — Ah ! oui, c'est ça ,
« le fusil fit chic... Moi, qui n'avions ren vu, je
« regarguions tout autour de moi, et je voyons
« dans les vignes, comme qui guiré dans l'ér,
« un grand cheval tout droit sur son mon-
« sieur qui cabriolé. Je crûmes que c'équié
« le guiable; mé je vimes bientôt que je m'é-
« quions trompé, ou ben que, si c'en équiét
« un i' en ave ben d'autes. Je voullions le fére
« voir aux autes; mé i' étquiont déja llioin, et
« j' ne pûmes les rejoindre qu'à l'entrée du
« village, ousque Monsieur guit qu'i' poursui-
« vé des voleurs ; et comme la nuit i' équiait
« fort noire, i' nous fit prendre à tous des
« branguions, et nous mîmes à galoper aprés
« avec tous les villageois. Quand nous eûmes

« fé un peu de chemin, tout-à-coup nous en-
« tenguîmes comm' une voix de tonnerre qui
« nous appelliont. Je n' voullions pas tant
« seulement qu'on s'arrétât, moi; parceque,
« tout béte que j' sommes, j' voyions ben
« qu'i' gn'y avé ren de bon dans tout ça :
« mé M. G***, qui est tintamarre, lli, ne voul-
« liut pas m'écouquer, et i' fit pis que s'ar-
« rêter; i' voulliut que gnious avançassions là
« ousqu'on nous appellié, qui équié cet en-
« droit là... ousque... là, parlant par respect,
« y a dans un grand creux... là, enfin, bref...
« suffit qu'i' senquié ben mauvé toujours, et
« quand Monsieur i' fut pu prés, i' fut bentôt
« dégoûqué d'avançasser pu llioin, et que mau-
« gré tout son grand quœur, i' gni eut pas p'u-
« tôt pu voir stilà qui nous appelliont, qu'i'
« s' mi' à crier : c'est le Guiable ! Et c'équié li,
« j' l'ons vu de mes guieux yeux, que j'avions
« encore tou' enquiers; mé apparent'ment qu'i'
« voullié qu' j' n' l' voyons qu' guiun, pisque
« de cinquante pas qu'i' équié llioin de nous,

« i' me mit son doigt long d'eun' puioise dans
« squilà, qu'i' m'a emporqué, et çà m' fit comm'
« eun grand feu d' joie par-tout la figure, et
« p'is c'équié eune ogueur.... là... enfin, bref...
« et p'is les uns me poussiont, les autes me qui-
« riont; moi, qui gn'émons pas le brouillami-
« ni, j' me guébarrassîmes de mon branguion
« et de mes sabiots, et j' me mîmes à courir
« tant que j'avions d' jambes, et si tellement
« fort, que je passîmes à travers guieux clô-
« tures de buissons p'us grands que moi, où
« j'avons laissé la moiquié de mon habille-
« ment, sans quasiment m'en appercevoir,
« et que j'arrivons tout d'un trot au châ-
« queau, ousque j'avons trouvé Monsieur,
« qui y équié déja depuis un moment, et qui
« alllié vous envoyer charcher, parcequ'
« équié trop faquigué pour venir li, et v'là
« pourcequoi j' sommes v'gniu tout seul* »

_____

(*) On soupçonne que l'auteur, en rapportant ce
discours, assez insignifiant en lui-même, a eu un but

Ainsi parla ce messager de M. G***.

Je m'empressai de faire le récit des aventures de la fuite de mon cheval effrayé à travers les vignes, de ses cabrioles, et de notre chûte dans la fosse ; et ainsi je leur donnai l'explication des énigmes du cheval tout droit monté sur son monsieur dans les vignes, du diable qui donna l'épouvante, et de l'œil poché avec le feu de joie sur la figure du Jeannot, dont la frayeur m'attribuait ce qui appartenait sans doute à l'effet de la brusquerie des mouvemens de ses camarades, saisis de terreur à mon aspect, et qui, en s'entre-choquant dans leur fuite précipitée, durent porter quelqu'un de leurs brandons au visage du pauvre domestique de M. G***.

---

fort utile, qui aurait dû être mieux marqué : c'est de faire connaître à l'Auvergnat, et à l'Auvergnat de la bonne compagnie lui-même, combien sa manière de prononcer est différente de sa propre manière d'écrire, la plus conforme aux meilleures règles de l'orthographe. (*Note de l'éditeur-commentateur.*)

Là-dessus chacun donna carrière à sa gaîté ; et lorsqu'on fut las de saillies, de bons mots, et de mots plaisans, ou de s'efforcer de donner et de trouver tels jusqu'aux propos les plus insignifians, madame G*** m'apprit avec un détail minutieux, et dans les termes les plus énergiques du sentiment, tout ce qu'elle devait à la femme incomparable qui, par sa générosité, avait relevé sa famille, y avait fixé la joie et le bonheur par son humeur douce, franche et enjouée, son esprit facile et orné, ses talens utiles et agréables, toutes les ressources, en un mot, de la plus belle éducation.

« Madame a bien voulu, en nous assurant « nos propriétés, fixer son séjour au milieu « de nous ; elle a adopté mes enfans, qu'elle « instruit dans les sciences et les arts, qui lui « sont familiers. La direction et la surveillance « des travaux de la campagne sont notre occu- « pation ordinaire ; la musique, le dessin du « paysage, l'histoire, la géographie, les poëtes,

« nos délassemens habituels; la chasse et la
« pêche, nos exercices fréquens; et ainsi s'é-
« coulent avec une douceur inaltérable, ni
« trop rapides ni trop lents, des jours purs
« et sereins, exempts de trouble et d'inquié-
« tude : ainsi nous sommes parvenus à faire
« oublier à notre amie les fausses délices de
« la ville, qu'elle n'a jamais regrettées un seul
« instant.

« Afin de ne pas rendre trop pénibles
« nos parties de pêche ou de chasse, nous
« avons fait construire de loin en loin, sur le
« bord de la rivière, des cabanes pareilles à
« celle où nous sommes, pour nous ménager
« des haltes plus commodes, ou des retraites,
« au besoin, contre une excessive chaleur, et
« les intempéries de l'air. Nous y attendions
« hier au soir la levée des filets; et vous avez
« appris de la bouche éloquente de Jeannot
« les incidens qui nous ont fait passer la nuit,
« comme vous l'avez vu. »

Ce discours ainsi terminé, je pris congé

7

des deux dames, qui me sollicitèrent vaine-
ment de les accompagner à leur habitation
pour y prendre quelques jours de repos.
Nonobstant tous les charmes de leurs personnes, et du tableau séduisant qu'elles m'a-
vaient fait de leurs innocens plaisirs dans le
plus beau séjour du monde, je partis avec
Jeannot, qui eut ordre de me guider.

La lune éclairait; nous ne fûmes pas long-
tems à trouver la route de Clermont à Issoire.
J'étais accablé de fatigue, au point que l'espoir même de rencontrer bientôt quelque
hôtellerie ne put me préserver de succomber
au sommeil. Après avoir renvoyé mon guide,
je fus donc prendre gîte, dans une vigne voi-
sine, sous le premier abri qui se trouva, et
je ne tardai pas à m'endormir très profondément.

Tout-à-coup se présente à moi une manière
de fantôme ressemblant assez, sauf quelques
légères différences, à tous les fantômes qu'on
a coutume de rencontrer;

Ni maigre ni sec il n'était ;
Mais au contraire il paraissait
Joufflu, tel qu'on nous peint Eole,
Ou peut-être le Dieu du vin ;
Ressemblait encore assez bien,
Et je le dis sans hyperbole,
A tel qu'on voit dans les tableaux
Pour l'un de ses douze travaux,
Portant le globe sur l'épaule.
Mais, sans doute, vous savez bien
Comme est fait ce pauvre Vulcain,
Depuis qu'en ce jour de colère
Le Dieu terrible du tonnerre,
Le foudroyant Olympien,
Son très auguste et tendre père,
Le précipita sur la terre ;
Tel encor m'apparut enfin
L'affreux esprit aérien.

Tellement affreux, que j'aurais bien voulu
pouvoir lui céder la place ; mais, par un effet
magique sans doute, je ne pouvais remuer ni
pieds, ni pattes, et j'étais retenu malgré moi
comme serré dans des liens invisibles. Il n'est

pas de supplice plus cruel, je vous certifie: mais je ne vous ai pas tout dit: il avait

> Le harnais d'un preux chevalier
> Etait couvert d'un bouclier,
> Portait le casque et la cuirasse ;
> Et sa lance , dont il menace,
> Invite au combat tout guerrier.

Il s'apperçut bien que je n'étais pas fort rassuré; mais , sans autrement s'en inquiéter, il me dit d'une voix assez formidable :

> Du grand Renaud je tiens mes jours ;
> Je suis le fruit de ses amours
> Avec l'enchanteresse Armide ,
> Et de moi les tiens sont issus.
> Ne sont plus nos rares vertus ,
> Hélas! homme faible et timide,
> Homme sans courage et sans cœur,
> Cent fois indigne de l'honneur
> D'une origine glorieuse !
> La Fortune capricieuse
> N'a plus pour toi que sa rigueur;
> Pour une ame plus courageuse
> Elle réserve le bonheur.

Armide, en ces lieux attirée
Par sa vengeance, son amour
Et sa fatale destinée,
Gémit dans une affreuse tour.
Le centième lustre en ce jour
S'accomplit, depuis que, chargée,
Hélas! des plus indignes fers,
Par Merlin elle y fut jetée.
De monstres hideux tout couverts,
Ses sombres et profonds abymes
Qui communiquent aux enfers
Séparent de tout l'univers
Cet asile de tous les crimes,
Où règne une éternelle nuit.
Pourtant, d'une main invisible,
Un sort heureux t'avait conduit
Auprès de ce séjour horrible,
A tout mortel inaccessible:
A toi seul il fut réservé
De sécher enfin tant de larmes ;
Par toi seul dut être levé
Le prestige odieux des charmes
Qui, trop long-tems, avait tenu
La belle et malheureuse Armide,
Sous le joug honteux d'un perfide.

A peine en ce lieu parvenu,
Proférant le mot convenu,
Qu'alors on t'aurait fait cnonaître,
Soudain tu voyais disparaître
De ce séjour toute l'horreur ;
Soudain tombaient les artifices
De l'abominable enchanteur,
Et, par d'éternels sacrifices,
L'Amour, et les Ris, et les Jeux,
Oubliant pour toi leurs caprices,
Rendaient à tes soins glorieux
Les plaisirs réservés aux Dieux.
Hélas ! de ce bonheur insigne
Tu n'es pourtant que trop indigne,
Et tu l'as perdu sans retour.
Il te souvient de cette tour,
Peu loin, croyais-tu, de la rive
Que tu cherchais à parcourir;
La voix douloureuse et plaintive
D'Armide ne put t'attendrir;
Au malheur tu fus insensible,
La beauté ne put te fléchir.
Crime en nos lois irrémissible !
Pour toi la fortune inflexible

T'apprendra qu'elle ne poursuit
L'aveugle mortel qui la fuit.

Ainsi parla le génie; car c'en était un,
comme on voit : et je m'étais bien douté de
suite avoir affaire tout au moins à quelque
magicien; mais je ne m'étais pas encore flatté
d'être de sa famille. A son air sinistre, je ne
pus pas trop me défendre d'une émotion
passablement désagréable, et tous ses pro-
nostics fâcheux m'auraient probablement fait
tomber la face contre terre, si j'eusse été debout, ou plutôt si je n'eusse été assez promptement rassuré, soit encore par l'effet magique de la présence d'un enchanteur, soit
par cela seul que le sang commençait à parler
en moi; je me trouvai même bientôt une
sorte de plaisir à considérer (sans toutefois approcher de trop près) un de mes aïeux,
âgé de quelques centaines d'années. J'étais
sur-tout fort enchanté de l'entendre me ra-
conter les choses surprenantes qu'il avait la

bonté de me dire ; je n'étais pas moins émer-
veillé de me trouver un des descendans de la
célèbre Armide , et d'apprendre que cette
bonne maman existait encore de par le monde.
De plus , je m'enorgueillissais fort en moi-
même d'une telle parenté : aussi fesais-je de
très bonnes réflexions au sujet de cette découverte imprévue de ma naissance illustre ; et je
me disais tout bas : « Combien de fats humiliés,
« si tout-à-coup apparaissaient à chacun tous
« ses aïeux ; mais aussi combien d'humbles
« enorgueillis, s'il est bien avéré toutefois que
« nos ancêtres puissent faire quelque chose
« à notre gloire ou à notre honneur. »! Quant
à moi, j'étais fort enflé de ma noblesse ; je me
trouvais réellement tout autre, et je sentis
mon ame tellement s'agrandir, que je me crus
un instant capable de tenter les aventures les
plus périlleuses, comme de m'essayer , par
exemple, contre tous les plus énormes Géans
et les plus redoutables chevaliers errans de
la fameuse plaine de Montiel. Mais bientôt
un secret dépit s'empara de mon ame: je

regrettais ma bonne fortune évanouie. J'avais toujours blamé Renaud d'avoir impitoyable- ment abandonné Armide, qui ne lui voulait que du bien, pour aller combattre les infi- dèles ; et comme je n'avais pas moi-même d'infidèles à combattre, je n'aurais pas été fâché du tout de passer mes jours dans le beau palais de ma bonne-maman, et dans ses jardins merveilleux,

Où tout se faisait par miracles ,
Où chacun rendait des oracles.
Jamais n'y fût petit oiseau
Qui ne fît d'opéra plus beau
Que Quinault, Favart, ou Sedaine ,
Ou d'Hèle, ou le grand Marmontel ,
Ou tel encor plus immortel ;
Et, ce qu'on ne croira qu'à peine,
Là tout ce qui peuple les airs
Fait retentir plus beaux concerts ,
Est compositeur plus aimable
Que les Lully, les Piccini ,
Philidor, Sachini, Grétry ;
Chanteur aussi plus admirable
Que Laïs, Martin, Barilly.

Mais certes plus grande merveille
Est que, sans crainte de revers,
On n'y parle qu'en très beaux vers,
Aussi beaux que ceux de Corneille,
Ou de Racine, ou de Boileau ;
Et, sans maximes ni sentences,
On fait des odes et des stances
Comme Malherbe ou bien Rousseau.

En ces lieux, cherchant à séduire
Le cœur plus encor que l'esprit,
Ce n'est pas à toujours décrire
Qu'un poëte monte sa lyre.
Jamais la pointe, en son écrit,
N'est l'héroïne qui l'inspire.
Si, néanmoins, par fois en prose
On voulait dire quelque chose,
Serait prose de Fénélon,
De Bossuet, ou Massillon,
De Voltaire (quoiqu'on en glose),
Buffon, et Jean-Jacques Rousseau,
Jamais gigantesque figure
Qu'étale des ...... l'enflure ;

Enfin d'un fidèle pinceau

Voudrait-on peindre les princesses,
Héros, Nymphes, Dieux, et Déesses
De ce pays de volupté?
Pour dignement y satisfaire,
Faudrait retracer les beautés
De l'Apollon du Belvédère,
Et de la Vénus que jadis
Possédait l'heureux Médicis.

Une fois tous ces grands hommes bien et
duement placés ici avec l'Apollon du Belvédère et la Vénus de Médicis, ainsi qu'il est
de règle, je pourrai continuer mon récit.

Me doutant bien qu'il serait inutile de vouloir retrouver la tour enchantée, dorénavant
invisible pour moi comme pour tout autre
mortel ; désespérant de pouvoir toucher en
ma faveur maman Armide, justement irritée
de l'insensibilité d'un fils ingrat, lorsqu'elle
fit entendre sa voix attendrissante, bien que
ce fils ne sût rien et ne pût rien savoir de
toutes les choses merveilleuses qui ne lui
avaient été révélées que par miracle, dans

mon chagrin, je perdis toute retenue, tout
respect filial, et je me mis à reprocher très
durement à mon aïeul l'enchanteur son apparition intempestive, maudissant également
tous ceux qui, ayant à apparaître, viennent
toujours à contre-tems ; mais, comme je mur-
murais en moi-même, le fils du grand Renaud s'évanouit, ne laissant à sa place qu'une
légère trace de feu qui s'éclipsa elle-même
aussitôt,

> Semblable à l'éclair
> Qui sillonne l'air.

J'eus beau appeler, criant à tue-tête,
« Grand-papa !... monsieur l'enchanteur !... »
il ne parut plus, et je m'éveillai un peu fatigué de la visite inattendue qui venait de
m'être faite, et assez honnêtement brisé par
ma couche un peu trop dure et trop fraîche.
Je craignis même un instant de n'être pas
entièrement quitte des enchantemens, lorsque, cherchant mon cheval, je ne le trouvai

point. Je fus d'abord tenté de croire qu'il
était la demeure de quelque esprit aérien, ou
que, tout au moins, il était d'intelligence
avec des génies; et qu'indigné d'avoir été si
bien talonné, en fuyant la tour enchantée, il
voulait s'en venger, en m'abandonnant aussi
à mon malheureux sort : mais je finis par me
persuader que j'essuyais le châtiment mérité
par mes discours très peu révérentiels envers
l'un des illustres auteurs de mes jours. Dans
cette dernière pensée, je me prosternai très
humblement, et je prononçai très fervemment
cette courte prière :

« O grand enchanteur, fils de l'immortel
« Renaud et de la céleste Armide, mon très
« vénérable aïeul ! O toi à qui rien n'est im-
« possible ! n'oublie point, si j'ai eu le mal-
« heur de te déplaire, que je ne suis qu'une
« faible créature sujette à l'erreur et à toutes
« les imperfections attachées à mon espèce;
« que je n'ai point créé ces imperfections,
« parcequ'il n'est pas de ma nature de rien

« créer! ne considère que mon repentir : il
« est magnanime de pardonner, et les héros
« tels que toi ne regardent comme irrémissi-
« sibles que les crimes commis avec intention.
« Vois d'un œil de pitié un de tes rejetons !
« rends-lui son cheval, ou veuille au moins
« lui en créer un par l'un des effets ordi-
« naires de ta suprême puissance! ne souffres
« point que ton noble sang soit degradé au
« point de voyager pédestrement ! »

J'avais à peine proféré ces dernières paroles, que soudain une lueur pareille à celle
que je venais de voir, serpentant dans les
airs comme un feu volant, conduisit mes regards sur mon coursier paissant paisiblement
l'herbe fraîche d'alentour.

Ce feu volant, le vulgaire grossier
Un feu follet l'eût appelé, je gage,
Et feu Saint-Elme, en se croyant plus sage,
L'eût estimé tout expert nautonnier.

Ainsi par-tout, à la ville, au village,

Sans consulter, ne suivant que l'usage ;
Chacun toujours veut tout apprécier,
Croit tout savoir, et croit tout expliquer.

Pour moi, bien persuadé que si j'avais
trouvé mon cheval, e'était uniquement par
l'effet de quelque faveur spéciale, je ne man-
quai pas d'en rendre mes actions de graces,
et je regagnai mon chemin.

J'approchais d'Issoire, où les évènemens
me conduisaient malgré moi , car cette ville
n'était point sur la ligne que j'avais à parcourir pour me rendre directement à ma destination. Cependant, après tous les incidens,
toutes les contrariétés que je venais d'éprouver , le besoin du repos me rendit moins
pénible l'aventure : c'était toujours arrive
au port après le naufrage, bien que ce ne
fût pas le port desiré. Je finis même par me
faire un plaisir secret de voir bientôt auprès
de leurs pénates, au sein de leur jeune famille , l'étourdi... et le sentimental... Je me

rappelai d'ailleurs que Voltaire avait dit d'Issoire : « Ville célèbre par ses chaudrons et
« ses mulets ». Ce genre de célébrité, tout
indifférent qu'il puisse sembler, ne laissa pas
que de tenter ma curiosité, ne fût-ce que
pour juger encore une fois de la vérité des
sentences du grand homme ; et, j'en suis fâché pour lui, il n'a pas dit vrai non plus ici.

Issoire a aussi son Athénée ; cela s'y appelle un cercle littéraire. On vient d'y mettre
au concours le portrait en vers libres du petit Dieu de Cythère. Ce cercle-là est galant ;
mais il était en outre un but d'économie dans
le choix de ce sujet : c'est qu'on a pensé qu'il
ne méritait pour prix tout au plus qu'une
feuille de myrte. Il n'est pas de pays où l'économie soit mieux entendue qu'en Auvergne.

Il me prit fantaisie de me mettre sur les
rangs, et de mêler mes accens à ceux des
poëtes issoiriens, pour fêter l'aimable divi-
nité qui reçoit son plus doux encens sur vos

autels. Je brochai donc à la hâte un im-
promptu où je tâchai d'accorder le mieux
possible ma lyre au ton de mes concurrens :
une aussi louable intention n'en faillit pas
moins m'attirer une mauvaise affaire.

Mais, pour vous mettre au fait, il est à
propos, comme dans le conte du Belier, de
commencer par le commencement, et de faire
connaître d'abord le sujet de tout le vacarme.

L'Amour y est son propre panégyriste :
c'est lui-même qui parle ainsi :

> Je règne dans les cieux,
> Sur la terre, et sur l'onde;
> On me voit dans le monde
> En tout tems, en tous lieux :
> Il n'est de bien ni de mal sur la terre
> Que je ne fasse ou je ne puisse faire ;
> Je commande aux plus grands rois
> Comme au rustre le plus docile ;
> Du héros magnanime au plus fat imbécille,
> Du philosophe altier à l'insecte débile,

8

Tous vivent sous mes lois.
Quoi qu'en dise Pangloss, dans mon joyeux empire,
　　Hélas ! tout n'est pas pour le mieux,
　　Et parmi mes bienheureux
　　On peut compter plus d'un martyre.
　　De ma nature un peu capricieux,
　　Avec le tems j'ai pris l'humeur bizarre ;
Changeant avec les mœurs, parfois je suis avare ;
　　Souvent ce n'est qu'au poids de l'or
　　Qu'on peut goûter de mes délices :
　　　Mais cependant encor
　　On peut m'avoir sans sacrifices.
　　　Chez moi, telle qu'ailleurs,
　　　La fortune inégale,
Favorable aujourd'hui, demain sera fatale ;
Et tel se réjouit de ses douces faveurs,
Qui peut, au même instant, gémir de ses rigueurs
Par moi renaît souvent le tourment de Tantale.
　　Près d'en jouir, on voit fuir le bonheur :
Celui-là qui se croit au comble des délices
Se prépare souvent les plus cruels supplices ;
Et peut-être vous-même, au fond de votre cœur,
Sous mes traits rigoureux gémissez-vous, lecteur.

Les beaux esprits d'Issoire crurent trou-

ver dans ces deux derniers vers une épi-
gramme contre eux, et ils s'offensèrent sérieusement du ton beaucoup trop leste et de
la morale beaucoup trop relâchée qui, suivant leurs graves et solides esprits, caracté-
risaient en général mon chétif et malheureux
enfant; enfin ils trouvèrent que l'ouvrage
ressemblait un peu à une énigme qui même
n'avait rien de neuf, et ils pensèrent que
c'était faire peu de cas de leur docte compagnie que de présenter à ses concours une
pièce de cette nature.

Dans l'excès de leur courroux, ils jurèrent
de mettre en œuvre les moyens de vengeance
les plus terribles, les plus cruels, et les plus
nobles à la fois dans l'esprit de tout bon Auvergnat : ce fut de me fabriquer un procès
bien compliqué sur le premier sujet en l'air;
mais je fus bientôt hors d'embarras, grace à
vous encore ;

Car il n'est point de pays
Où vous n'ayez les plus tendres amis,

Et des amis faits de telle manière,
Qu'on n'en voit plus ou bien qu'on n'en voit guère.

Avant de quitter Issoire, il faut vous ap-apprendre que c'est la patrie d'une personne de votre connaissance, qui, étant membre du tribunat, et ensuite du corps législatif, a employé si utilement pour vous, comme pour tous ses compatriotes, ce crédit que lui ont si justement acquis ses talens, son caractère facile et affectueux, mais, par-dessus tout, sa profonde connaissance des hommes, et son excellent usage du monde. Vous reconnaîtrez sûrement à ce portrait M. le chevalier de Favard, aujourd'hui conseiller à la Cour de cassation.

A peine sorti d'Issoire, on me fit remar-quer sur une éminence encore lointaine

Un château noir enfumé,
Dans le pays fort estimé
Pour le très glorieux mérite
D'avoir autrefois renfermé

Certaine reine Marguerite.
Mais de ce château la beauté
Ici ne sera point décrite,
Puisque je ne suis point monté
Sur son roc, plus noir que Cocyte.
Vous saurez pourtant que l'élite
De messieurs gens de qualité
Qui dans ces cantons ont leur gîte,
Sont nobles pour avoir été
En son exil rendre visite
A la très facile beauté
Et très humaine Déité,
De plus prendre avec la susdite
Une certaine affinité.

En faveur du tendre mérite
De la nouvelle parenté,
Dûment en forme bréveté,
On vit maint faiseur de marmite,
On vit maints et maints muletiers
Se trouver nobles chevaliers.

Je quittai bientôt la Limagne, et je commençai de voyager à travers les montagnes qui

la séparent du Forez. Ces montagnes ne sont
point escarpées et sont même assez bien cul-
tivées.

> Ainsi, point de belles tirades,
> Ainsi, point de narrations,
> Ni de belles descriptions
> Sur la nature en ses boutades,
> Sur ses torrens et leurs cascades ;
> Point de sommets audacieux
> Qui s'élèvent jusques aux cieux,
> Et semblent séparer du monde
> Une vallée assez profonde ;
> Point de précipices affreux
> Sur des monts courbés peu scabreux.

Pour tout dire en deux mots : ces montagnes sont très insignifiantes et n'offrent rien
de curieux : un granit fort grossier, du mica
fort commun, parfois du quartz - hyalin, ou
du crystal de roche fort ordinaire, voilà tout
ce qui pourrait y occuper l'attention du mi-
néralogiste, le seul être qui, à mon avis,
puisse se plaire sur les montagnes, de quel-

que nature qu'elles soient, si ce n'est, pour
le contraste aux yeux du voyageur, ce qu'on
appelle les belles horreurs de la nature.

L'habitant, même de la première classe, est
encore à demi-sauvage, et peut-être plus brut
que son granit lui-même : c'est ce qui se fait
sentir sur-tout aux approches de la petite
ville de Sauxillanges; mais à peine a-t-on
quitté son territoire, qu'à la grossièreté sont
joints également la stupidité, la friponnerie,
et la méchanceté : aussi vais-je traverser bien
vîte et bien silencieusement tous ces détestables
pays jusque vers les hauteurs qui dominent
la petite ville d'Ambert, où je fis rencontr-
d'un homme fort rare dans ces lieux; puisqu'il avait de l'instruction, observait les
convenances, parlait avec grace, et s'expri-
mait toujours en homme de goût. Il me
raconta son histoire, m'apprit toutes les infortunes qui l'avaient réduit à sa condi-
tion présente, en lui ravissant et biens et
famille dans les départemens méridionaux;

lieux de sa naissance., et *il termina en ces* termes :

« Je suis commis-voyageur d'une maison de commerce de Lyon, qui a des relations avec la ville où nous allons arriver; mais ce n'est pas là l'objet principal de ce voyage. Je cours depuis bien du tems déja à la découverte d'une jeune personne qui a disparu de la maison paternelle. On n'a pu parvenir encore aux moindres éclaircissemens sur les circonstances : on soupçonne seulement que le lieu qui la recèle pourrait bien être la Limagne d'Auvergne; mais j'ai infructueusement parcouru cette contrée, visité scrupuleusement ses plus obscurs réduits, et je m'en retourne sans aucun espoir désormais. »

Ces dernières paroles me rappelèrent aussitôt la charmante voix qui se fit entendre du château où je fus conduit durant mes rêveries sur les bords de l'Allier; et bien que je ne susse pas trop à quoi m'en tenir précisément au sujet de l'intéressante prisonnière,

malgré même les obligeantes et gracieuses
révélations de mon grand-papa l'enchanteur,
à toutes fins par le vif intérêt que j'avais
conçu pour mon compagnon de voyage,
toutes les circonstances de ma rencontre merveilleuse furent à l'instant le plus scrupuleusement détaillées, sans rien omettre même de
la magique apparition, des instructions utiles
que j'en reçus en un fort beau discours en
vers, le sort magnifique et incroyable qui
m'attendait, et qui, perdu pour moi sans retour, était maintenant réservé à meilleur chevalier.

J'avais à peine terminé mon récit, que notre redresseur de torts avait déja fait volte-
face, et retournait ventre à terre sur ses pas.
Je ne sais quel démon me tenta moi-même;
mais je me trouvai emporté presque malgré
moi sur les traces du chevalier errant. Il me
fut pourtant impossible de le suivre; tant
était grande la rapidité de sa course; et les
nombreux détours des montagnes me l'ayant
bientôt fait perdre de vue, il me fut permis

dès-lors de reprendre ma première direction.

J'arrivai en peu d'instans à Ambert. Cette
ville se trouvait alors à une époque de fêtes
et de plaisirs. Une aimable personne (car il
s'y en trouve pourtant) me sollicita avec tant
d'instances d'y prendre part, que je me laissai
gagner : je lui donnai le reste de la journée et
partie de celle du lendemain ; il m'eût été impossible de faire plus , sans risque de périr
d'une indigestion ; et ce serait bien le cas ici ,
pour célébrer dignement les plaisirs d'Ambert , d'emprunter quelques accens de la lyre
qu'a fait si bien résonner M. Berchoux , mon
ancien condisciple ; mais il vous souvient
combien j'ai rebuté sa Muse : c'est bien dom-
mage, en vérité ; car jamais repas ne furent
plus dignes de tous les trésors de cette Nymphe que les repas d'Ambert , plus abondans
encore qu'en tout autre lieu de cette Auvergne si vantée par le législateur du bon goût
en cette partie, au Code Gastronomique.

Que je vous dirais de merveilles
De Comus et du roi des treilles !
Je vous dirais combien de plats
Furent servis en ces repas,
Et non mangés : chose impossible !
Les Argans et les Goliaths,
Et les plus amples estomacs
De tous les héros de la Bible,
De tous les plus fameux guerriers
Qu'Homère et le Tasse ont chantés ;
Tous réunis, je vous l'assure,
N'auraient pas tenté l'aventure ;
Car c'est l'usage, en ce pays,
Pour bien les recevoir, d'étouffer ses amis.

Malgré tout cela, Ambert est complètement ignoré de tous autres que des marchands
de papier, et des imprimeurs qui ont des relations avec ses papetiers ; aussi fus-je fort
surpris d'y trouver un genre de plaisir que je
n'avois guère compté goûter en une telle ville.
J'y vis au bal la meilleure danseuse qui soit
peut-être en province, et peut-être même encore

ne serait-elle pas sans faire quelque sensation dans les beaux cercles de la capitale. Le mari est de notre connaissance ; je vous dirai ailleurs son nom. Dans son enthousiasme pour cette charmante épouse qu'il idolâtre, et dont il est bien payé de retour, ce mari est de la meilleure originalité : voici son discours ordinaire toutes les fois qu'il lui présente un de ses amis :

C'est du pays la Terpsicore ;
De plus elle cultive encore
Euterpe et le bel instrument
　　Dont le son charmant,
Par un pouvoir un peu magique,
Fit d'un berger le plus grand roi
De la nation hébraïque.
Tu sais qu'un sort si magnifique
N'est plus, hélas ! n'est plus pour toi,
Gente *harpiste* ; et sous ta loi
　　Désormais n'espère
Que le royaume de Cythère.

Je quittai donc Ambert un peu mieux pré-

venu en sa faveur que je ne l'étais en y arri-
vant; encore que son église et son clocher,
d'assez belle architecture gothique, et que
ses promenades même eussent bien pu m'en
faire concevoir assez bonne opinion.

J'eus de très hautes montagnes à traverser
pour aller à Montbrison; mais ces montagnes,
quoiqu'en apparence plus sauvages que les
premières, sont pourtant beaucoup mieux
habitées; les mœurs y sont plus douces; on
y trouve même dans le peuple une certaine
politesse, beaucoup d'esprit naturel, et sur-
tout beacoup de finesse; ce qui, de tout tems,
a inspiré de la défiance aux Forisiens voisins, généralement assez bonnes gens.

Parti fort tard d'Ambert, j'arrivai de nuit
à Montbrison. Cette circonstance me favorisa
merveilleusement pour tirer tout le parti
possible d'un bal masqué qui se donnait cette
nuit-là en dépit de la saison, par dévotion
aux caprices de je ne sais quelle petite mai-

tresse du jour. Personne de mes connaissances ne me savait arrivé, et chacune d'elles me
croyait bien au moins à cent lieues; je ne
pouvais paraître à un bal masqué plus *inco-
gnito*. Il est aisé de concevoir si je m'y amu-
sai, si j'y causai des surprises, si j'y donnai
des inquiétudes, de l'ennui. De tout cela,
vous voudrez bien, s'il vous plaît, en prendre votre parti, mais je ne pourrai, en con-
science, vous en transmettre que la moindre
part; car décemment je ne puis vous apprendre par la voie présente tout ce que j'ai pu
dire à l'oreille de chacun.

Vous saurez seulement pour l'instant que
je dis, en courant, à certaine espiègle,

> Charmante Joséphine,
> Votre agaçante mine
> Un peu trop nous badine;
> Votre taille divine
> Sans cesse nous lutine,
> Et j'ai l'ame chagrine
> D'un amour qui me mine,

Me tue à la sourdine,
Ne donnant que l'épine
De la fleur que destine
Le Dieu qui tout domine
Du Potose à la Chine,
Et de la Cochinchine
A la gente quirine.

A mademoiselle A*** :

Salut à toi bien tendrement,
Toi dont le nom seul est un titre
Qui dit bien plus assurément
Au cœur sensible d'un amant,
Que n'en dirait un gros chapitre.

Au fourbe... déguisé en dieu Mars :

Pourquoi cet attirail guerrier?
Pourquoi ce large bouclier,
Et cette cuirasse et ce casque?
N'êtes-vous pas muni d'un masque
Qui doit vous tenir bien certain
D'échapper même au plus fin?

Le lendemain je visitai les nouveaux em-

bellissemens et les travaux au moyen des-
quels le préfet et M. Lachaise, maire actuel,
sont parvenus, avec un zèle également ingénieux et infatigable, à procurer à leur ville
des eaux saines, un air salubre, des promenades agréables, et plusieurs établisse-
mens utiles. Montbrison enfin commence à
devenir une ville intéressante et digne d'être
une capitale de département.

J'y ai fait la rencontre du petit-cousin de
votre pupille, le plus ardent de vos admira-
teurs : ainsi vous pouvez penser s'il a été
question de vous dans ce pays, et si tous vos
mérites y font du bruit ; mais c'est principalement sur vos procédés en éducation qu'il
s'est fort exalté. Je dis *procédés en éducation*
et non systêmes, parceque j'ai en horreur
tout systême en un sujet où peut-être il ne
se rencontrera jamais deux cas semblables,
et où dès-lors on ne saurait établir de règles
sûres, bien persuadé que tout le savoir,
toute l'habileté consistent à procéder avec le

seul guide d'une observation éclairée, minutieuse et soutenue, sous autant de formes différentes, par autant de moyens divers qu'il peut y avoir de variété dans le caractère et l'organisation des divers individus. Ainsi point de théorie raisonnable en éducation, point de système juste, mais uniquement de la pratique, des procédés.

Le petit cousin pense comme nous, et c'est sur cela que portaient aussi plus particulièrement ses éloges, que, autant qu'il m'en souvienne, il termina ainsi :

« Enfin ce n'est pas seulement
Sur les arts de simple agrément
Que sa tendre sollicitude
A porté son œil vigilant;
Mais, par la plus profonde étude
Des plus secrets replis du cœur,
Elle pénètre la pensée
De son élève, et du bonheur
Lui montre la route assurée

Dans la morale et la vertu.
Voilà, mon cher, ce que j'ai vu ».

En quittant Montbrison, j'étais bien près du terme de mon voyage, puisque j'allais toucher aux rives du Lignon; mais, hélas! que ces rives fameuses sont loin de ce qu'elles étaient aux beaux jours de l'Astrée! Jean-Jacques l'avait dit, et il faut l'en croire.

Cependant, à force de chercher, je parvins à découvrir un petit vallon, où j'espérai un instant trouver, comme dans leur dernière retraite, à l'abri des novateurs, quelques Céladons, ou Lycidas, ou Sylvandres, et quelques Philis ou Sylvies. De hautes collines ferment ce vallon de tous côtés, comme pour en défendre l'entrée, et y interdire toute communication au dehors. Isolé, en quelque sorte, de ce qui l'entoure, il semble destiné par la nature à un peuple à part. C'est enfin un de ces lieux délicieux si souvent dépeints dans nos charmantes bergeries, et que je ne dois pas dépeindre de nouveau.

Je vous dirai seulement que

Il y avait des hameaux
  Auprès d'un vert bocage;
Ici de tendres oiseaux
Jouaient dans l'épais feuillage,
  Et par leur doux ramage
  Excitaient les Échos;
  Là de charmans ruisseaux
  Roulaient leur onde pure,
  Et par le doux murmure
  De leurs paisibles eaux
  Charmaient la rêverie,
  Invitaient au repos;
Plus loin, sur l'herbe fleurie
D'un solitaire verger,
Près de sa fidèle amie
Soupirait tendre berger.

Cette rencontre réveilla mon espoir. Il ne me restait plus qu'à trouver quelques uns de ces bergers merveilleux favoris des muses, qui n'exprimaient leurs pensées, ne parlaient de leur amour qu'en langage poétique; je résolus donc de poursuivre mes recherches.

Plusieurs jours se passèrent en courses inutiles, et je commençais à maudire très sérieusement les brillans mensonges des fictions dont on amuse les oisifs. Je fis pourtant à la fin une découverte plus riche encore que je ne m'en étais flatté: je surpris un entretien fort singulier.

J'avais apperçu d'assez loin assis au pied d'un hêtre, sur une petite éminence, un couple qui m'avait paru le plus charmant du monde, et j'étais allé me blottir au milieu d'une touffe d'arbustes, d'où je pouvais entendre tout ce qui se dirait, sans être vu. Voici ce que je recueillis au moyen de ma sténographie:

La jeune personne, à mon arrivée, disait assez gravement un « laissez-moi, Clitandre. »

Le doux Clitandre répondit d'un ton d'abord fort langoureux, ensuite un peu animé, et enfin passablement leste, même badin et demi-goguenard, presque à la manière de nos agréables roués (alliance bizarre qui plaît par

fois, et que les plus experts emploient avec
tant de confiance, bien qu'elle doive faire
douter un peu de la sincérité des senti-
mens) :

O ma gentille bergère !
Pourquoi cet air si sévère ?
Ah ! regarde autour de toi ;
Hélas ! tout ce qui respire,
Tout subit d'Amour la loi.
Soumis à son doux empire,
Nul ne veut s'en affranchir.
Vois auprès de sa génisse,
Vois le fier taureau bondir ;
Entends ce coursier hennir...
Comme son crin se hérisse !
C'est leur commun sacrifice
Que tous s'empressent d'offrir.
Mais, dans cet épais feuillage,
Vois Philomèle gémir !
Entends le plus doux ramage
Des oiseaux de ce bocage ;
Ils expriment leurs desirs,
Ils célèbrent leurs plaisirs.

De cette feuille légère
Le mouvement et le bruit
Ne sont, dis-tu, ma bergère,
Que l'effet de l'air qui fuit ?
Apprends donc que c'est Zéphire
Qui s'agite, qui soupire
Après le tendre retour
Et de Flore et de l'Amour.

Mais, vois-tu, ma chère amie,
Sur la riante prairie
Briller ces perles d'azur ?
« C'est la vapeur condensée,
« Qui de la terre exhalée,
« Sous un ciel serein et pur,
« Est ensuite retombée »,
Dit, en son langage obscur,
Un philosophe un peu dur,
Docteur en robe fourrée.
Mon avis est bien plus sûr.
Crois que la perle argentine
Qu'on voit briller sur les fleurs
Est le triste effet des pleurs
D'une amante trop chagrine,
D'Amour éprouvant rigueurs.

De cette belle fontaine
Tu vois s'écouler les eaux
Formant ces jolis ruisseaux
Qui serpentent dans la plaine ;
De leur onde qui s'enfuit,
De leur onde vive et pure,
Entends-tu le doux murmure ?
Un peu plus loin, à grand bruit,
Elle signale sa fuite,
Lorsqu'elle se précipite,
Ecume, et va se briser
Sur la cime d'un rocher :
Et les foudres de la guerre,
Et Jupiter en colère,
Paraissent alors souvent
Faire un bruit moins effrayant.
« Cette onde, ma chère enfant »,
Vous dira bien gravement
Notre mystique pédant ;
« Cette onde est un élément ;
Son bruit, très certainement,
Est l'effet du mouvement
Du fluide gravitant ».
N'écoutons aucunement
Un aussi mauvais plaisant ;

Mais croyons très fermement
Que l'onde, ainsi murmurant,
Est une Nymphe pleurant
La perte d'un tendre amant,

. . . .

En ce charmant paysage,
Tu vois donc qu'autour de nous
Tout parle un tendre langage ;
Tous présentent leur hommage
Au Dieu qu'ils adorent tous ;
Et tu crois qu'il est bien sage
De n'en excepter que nous !

Telle fut du doux Clitandre
La leçon savante et tendre.
Plus attendre ne pouvais :
Aussi dire ne saurais
Si l'on voulut bien s'y rendre.

J'étais mécontent ; je voyais qu'il fallait renoncer à retrouver jamais le bon vieux tems ;
je gémissais, en mon ame, d'être forcé de reconnaître enfin que, jusque dans les retraites
les plus ignorées, la manie de l'esprit prévalait

par-tout sur l'expression simple et naïve du
sentiment qu'elle étouffe impitoyablement.

De dépit, je résolus de fuir à jamais les
champs, et de regagner au plus vite la ville ;
car, s'il faut vivre par-tout au milieu des
travers, mieux valent toujours ceux des
grandes cités ; au moins y sont-ils déguisés
sous des formes aimables et l'on y gagne
encore, du côté de la politesse, des égards
mutuels et de l'instruction.

Je me rendis donc à Lyon tout d'un trait.

Je ne dirai rien de cette ville dont on a tant
dit, et que tout le monde connaît. Je n'ai plus
d'ailleurs à rendre compte d'aucun évènement
particulier. Je dois vous apprendre cependant
que le chevalier errant, mon compagnon de
voyage, parvint à découvrir le château sur
les bords de l'Allier, et à délivrer l'intéressante prisonnière, qui sera Floris ou Armide,
comme vous l'aimerez mieux, ou, si vous
voulez encore, l'une et l'autre ensemble ; car
c'est un point que je n'ai pas bien précisé-

ment tiré au clair, ce que je remets à un autre tems, où je vous apprendrai peut-être, dans d'autres mémoires, toutes les aventures incomparables qui furent mises à fin par notre héros, dont je ferai connaître alors plus en détail l'intéressante histoire, en commençant par celle de ses infortunés parens, et de leurs détestables persécuteurs, si ces misérables continuent à rendre nécessaire de les démasquer en plein....

Je ne vous ai pas dit, et pourtant il faut que je vous dise, que dans le cours de ce voyage j'ai très indifféremment, sans doute, puisque je n'en ai pas parlé,

J'ai vu le lieu de ma naissance;
Point de secrète jouissance,
Aucune des émotions,
Aucune des affections
Que dans pareille circonstance
On nous dit qu'on doit éprouver.
Mais faudrait-il vous motiver

Une semblable indifférence ?
Hé bien, alors je vous dirais :
Ce n'est point un bien que la vie.
Hélas ! sans vous, ma chère amie,
Peut-être encor je m'en plaindrais ;
Ainsi fort peu je me soucie
Quel que soit le tems ou le lieu
Auquel il a pu plaire à Dieu
Qu'elle fût reçue ou ravie.
C'est un peu de misanthropie,
Au moins de mécontentement
De votre humeur un peu chagrine,
Allez-vous dire, j'imagine.
Il n'en est rien, assurément :
Mais il faut bien que je décline
A cet égard mon sentiment;

car je ne puis me dispenser de vous donner
aussi un peu de ma philosophie, puisque
chacun ne manque guere de fourrer par-tout
de la sienne. Vous saurez donc que

Je ne cherche point si le mal
Partage ou domine la terre,

Et si, par un destin fatal,
L'homme fut créé pour la guerre;
Je sais qu'il est de bonnes gens,
Mais qu'il est aussi des méchans.
De ceux-ci je brave la rage,
Des autres prends les doux instans,
Jouis des beaux jours du printems
Sans m'inquiéter de l'orage :
Des maux qu'on ne peut éviter
Se tourmenter accroît la peine;
De ne pas s'en inquiéter
Finit par en briser la chaîne.

Des jaloux et des envieux
Je ris toujours de la malice;
Des fourbes, des fripons heureux
Je me moque de l'artifice;
Des sots me réjouis tout bas;
Des railleurs suis le badinage;
Le bavard n'interromprai pas,
Mais n'écoute son verbiage.

Je vous avoue que je ne vous envoie qu'à
regret toute cette morale, au demeurant assez

insipide; mais enfin le lieu de ma naissance
ne m'a pas autrement inspiré, et vous n'en
serez pas étonnée, quand vous saurez qu'au
solstice d'été on y trouve encore de la glace,
que Pégase n'a jamais passé sur ces tristes
montagnes, beaucoup trop éloignées du Per-
messe.

J'ai dit, et maintenant
A votre tour, je gage,
Direz à tout venant:
Mais, en ce bel ouvrage,
Rien de fort surprenant.
D'avance à ce langage
Je réponds humblement:
N'est plus tems de miracles
Que pour NAPOLÉON;
Et chez nous Apollon
A perdu ses oracles.
En nos jours les neuf Sœurs
N'ont que faibles prestiges,
Ne font plus de prodiges
Pour les pauvres auteurs;
Et chez tous les lecteurs

Ce n'est pas, comme on pense,
Dégoût, satiété ;
Mais, disons mieux : du Prince la vaillance .
Elève l'ame, abat frivolité ;
De sa grandeur la France enorgueillie,
En tout écrit ne veut d'autre génie
Qu'à célébrer d'incroyables travaux,
Et les vertus du plus grand des Héros.

DE L'IMPRIMERIE DE P. DIDOT L'AÎNÉ.

www.ingramcontent.com/pod-product-compliance
Lightning Source LLC
Chambersburg PA
CBHW072123090426
42739CB00012B/3046